Immanuel Kant

Der einzig mögliche Beweisgrund zu einer Demonstration des Daseyns Gottes

Immanuel Kant: Der einzig mögliche Beweisgrund zu einer Demonstration des Daseyns Gottes.
Erstdruck: Königsberg (Kanter) 1763.

Veröffentlicht von Contumax GmbH & Co. KG
Berlin, 2010
http://www.contumax.de/buch/
Gestaltung und Satz: Contumax GmbH & Co. KG
Druck und Bindung: Books on Demand GmbH, Norderstedt

ISBN 978-3-8430-6539-9

Inhalt

Vorrede

Ne mea dona tibi studio disposta fideli,
Intellecta priusquam sint, contemta relinquas.

Lucretius.

Ich habe keine so hohe Meinung von dem Nutzen einer Bemühung wie die gegenwärtige ist, als wenn die wichtigste aller unserer Erkenntnisse: *Es ist ein Gott*, ohne Beihülfe tiefer metaphysischer Untersuchungen wanke und in Gefahr sei. Die Vorsehung hat nicht gewollt, daß unsre zur Glückseligkeit höchstnötige Einsichten auf der Spitzfindigkeit feiner Schlüsse beruhen sollten, sondern sie dem natürlichen gemeinen Verstande unmittelbar überliefert, der, wenn man ihn nicht durch falsche Kunst verwirrt, nicht ermangelt, uns gerade zum Wahren und Nützlichen zu führen, in so ferne wir desselben äußerst bedürftig sein. Daher derjenige Gebrauch der gesunden Vernunft, der selbst noch innerhalb den Schranken gemeiner Einsichten ist, genugsam überführende Beweistümer von dem Dasein und den Eigenschaften dieses Wesens an die Hand gibt, obgleich der subtile Forscher allerwärts die Demonstration und die Abgemessenheit genau bestimmter Begriffe oder regelmäßig verknüpfter Vernunftschlüsse vermißt. Gleichwohl kann man sich nicht entbrechen, diese Demonstration zu suchen, ob sie sich nicht irgendwo darböte. Denn ohne der billigen Begierde zu erwähnen, deren ein der Nachforschung gewohnter Verstand sich nicht entschlagen kann, in einer so wichtigen Erkenntnis etwas Vollständiges und deutlich Begriffenes zu erreichen, so ist noch zu hoffen, daß eine dergleichen Einsicht, wenn man ihrer mächtig geworden, viel mehreres in diesem Gegenstande aufklären könnte. Zu diesem Zwecke aber zu gelangen muß man sich auf den bodenlosen Abgrund der Metaphysik wagen. Ein finsterer Ozean ohne Ufer und ohne Leuchttürme, wo man es wie der Seefahrer auf einem unbeschifften Meere anfangen muß, welcher, so bald er irgendwo Land betritt, seine Fahrt prüft und untersucht, ob nicht etwa unbemerkte Seeströme seinen Lauf verwirrt haben, aller Behutsamkeit ungeachtet, die die Kunst zu schiffen nur immer gebieten mag.

Diese Demonstration ist indessen noch niemals erfunden worden, welches schon von andern angemerket ist. Was ich hier liefere, ist auch nur der Beweisgrund zu einer Demonstration, ein mühsam gesammeltes Baugeräte, welches der Prüfung des Kenners vor Augen gelegt ist, um aus dessen brauchbaren Stücken nach den Regeln der Dauerhaftigkeit und der Wohlgereimtheit das Gebäude zu vollführen. Eben so wenig wie ich dasjenige was ich liefere vor die Demonstration selber will gehalten wissen, so wenig sind die Auflösungen der Begriffe deren ich mich bediene schon Definitionen. Sie sind wie mich dünkt richtige Merkmale der Sachen wovon ich handele, tüchtig, um daraus zu abgemessenen Erklärungen zu gelangen, an sich selbst um der Wahrheit und Deutlichkeit willen brauchbar, aber sie erwarten noch die letzte Hand des Künstlers, um den Definitionen beigezählt zu werden. Es gibt eine Zeit, wo man in einer solchen Wissenschaft, wie die Metaphysik ist, sich getraut, alles zu erklären und alles zu demonstrieren, und wiederum eine andere, wo man sich nur mit Furcht und Mißtrauen an dergleichen Unternehmungen wagt.

Die Betrachtungen die ich darlege sind die Folge eines langen Nachdenkens, aber die Art des Vortrages hat das Merkmal einer unvollendeten Ausarbeitung an sich, in so ferne verschiedene Beschäftigungen die dazu erfoderliche Zeit nicht übrig gelassen haben. Es ist indessen eine sehr vergebliche Einschmeichlung, den Leser um Verzeihung zu bitten, daß man ihn, um welcher Ursache willen es auch sei, nur mit etwas Schlechtem habe aufwarten können. Er wird es niemals vergeben, man mag sich entschuldigen wie man will. In meinem Falle ist die nicht völlig ausgebildete Gestalt des Werks nicht so wohl einer Vernachlässigung als einer Unterlassung aus Absichten beizumessen. Ich wollte nur die erste Züge eines Hauptrisses entwerfen, nach welchen wie ich glaube ein Gebäude von nicht geringer Vortrefflichkeit könnte aufgeführt werden, wenn unter geübtem Händen die Zeichnung in den Teilen mehr Richtigkeit und im Ganzen eine vollendete Regelmäßigkeit erhielte. In dieser Absicht wäre es unnötig gewesen, gar zu viel ängstliche Sorgfalt zu verwenden, um in einzelnen Stücken alle Züge genau auszumalen, da der Entwurf im Ganzen allererst das strenge Urteil der Meister in der Kunst abzuwarten hat. Ich habe daher öfters nur Beweistümer angeführt, ohne mich anzumaßen, daß ich ihre Verknüpfung mit der Folgerung vorjetzt deutlich zeigen könnte. Ich habe bisweilen gemeine Verstandesurteile angeführt, ohne ihnen durch logische Kunst die Gestalt der Festigkeit zu geben, die ein Baustück in einem System haben muß, entweder weil ich es schwer fand, oder weil die Weitläuftigkeit der nötigen Vorbereitung der Größe, die das Werk haben sollte, nicht gemäß war, oder auch weil ich mich berechtigt zu sein glaubte, da ich keine Demonstration ankündige, der Foderung, die man mit Recht an systematische Verfasser tut, entschlagen zu sein. Ein kleiner Teil derer, die sich das Urteil über Werke des Geistes anmaßen, wirft kühne Blicke auf das Ganze eines Versuchs, und betrachtet vornehmlich die Beziehung, die die Hauptstücke desselben zu einem tüchtigen Bau haben könnten, wenn man gewisse Mängel ergänzte oder Fehler verbesserte. Diese Art Leser ist es, deren Urteil dem menschlichen Erkenntnis vornehmlich nutzbar ist. Was die übrige anlangt, welche, unvermögend, eine Verknüpfung im Großen zu übersehen, an einem oder andern kleinen Teile grüblerisch geheftet sein, unbekümmert, ob der Tadel, den es etwa verdiente, auch den Wert des Ganzen anfechte, und ob nicht

Verbesserungen in einzelnen Stücken den Hauptplan, der nur in Teilen fehlerhaft ist, erhalten können, diese, die nur immer bestrebt sein, einen jeden angefangenen Bau in Trümmer zu verwandeln, können zwar um ihrer Menge willen zu fürchten sein, allein ihr Urteil ist, was die Entscheidung des wahren Wertes anlangt, bei Vernünftigen von wenig Bedeutung.

Ich habe mich an einigen Orten vielleicht nicht umständlich genug erklärt, um denen, die nur eine scheinbare Veranlassung wünschen, auf eine Schrift den bittern Vorwurf des Irrglaubens zu werfen, alle Gelegenheit dazu zu benehmen, allein welche Behutsamkeit hätte dieses auch wohl verhindern können; ich glaube indessen, vor diejenige deutlich genug geredet zu haben, die nichts anders in einer Schrift finden wollen, als was des Verfassers Absicht gewesen ist hinein zu legen. Ich habe mich so wenig wie möglich mit Widerlegungen eingelassen, so sehr auch meine Sätze von anderer ihrer abweichen. Diese Entgegenstellung ist etwas, das ich dem Nachdenken des Lesers, der beide eingesehen hat, überlasse. Wenn man die Urteile der unverstellten Vernunft in verschiedenen denkenden Personen mit der Aufrichtigkeit eines unbestochenen Sachwalters prüfete, der von zwei strittigen Teilen die Gründe so abwiegt, daß er sich in Gedanken in die Stelle derer die sie vorbringen selbst versetzt, um sie so stark zu finden, als sie nur immer werden können, und dann allererst auszumachen, welchem Teile er sich widmen wolle, so würde viel weniger Uneinigkeit in den Meinungen der Philosophen sein, und eine ungeheuchelte Billigkeit, sich selbst der Sache des Gegenteils in dem Grade anzunehmen als es möglich ist, würde bald die forschende Köpfe auf einem Wege vereinigen.

In einer schweren Betrachtung, wie die gegenwärtige ist, kann ich mich wohl zum voraus darauf gefaßt machen, daß mancher Satz unrichtig, manche Erläuterung unzulänglich, und manche Ausführung gebrechlich und mangelhaft sein werde. Ich mache keine solche Forderung auf eine unbeschränkte Unterzeichnung des Lesers, die ich selbsten schwerlich einem Verfasser bewilligen würde. Es wird mir daher nicht fremd sein, von andern in manchen Stücken eines Bessern belehrt zu werden, auch wird man mich gelehrig finden, solchen Unterricht anzunehmen. Es ist schwer, dem Anspruche auf Richtigkeit zu entsagen, den man im Anfange zuversichtlich äußerte, als man Gründe vortrug, allein es ist nicht eben so schwer, wenn dieser Anspruch gelinde, unsicher und bescheiden war. Selbst die feinste Eitelkeit, wenn sie sich wohl versteht, wird bemerken, daß nicht weniger Verdienst dazu gehört, sich überzeugen zu lassen als selbst zu überzeugen, und daß jene Handlung vielleicht mehr wahre Ehre macht, in so ferne mehr Entsagung und Selbstprüfung dazu als zu der andern erfordert wird. Es könnte scheinen, eine Verletzung der Einheit, die man bei der Betrachtung seines Gegenstandes vor Augen haben muß, zu sein, daß ihn und wieder ziemlich ausführliche physische Erläuterungen vorkommen; allein da meine Absicht in diesen

Fällen vornehmlich auf die Methode, vermittelst der Naturwissenschaft zur Erkenntnis Gottes hinaufzusteigen, gerichtet ist, so habe ich diesen Zweck ohne dergleichen Beispiele nicht wohl erreichen können. Die siebente Betrachtung der zweiten Abteilung bedarf desfalls etwas mehr Nachsicht, vornehmlich da ihr Inhalt aus einem Buche, welches ich ehedem ohne Nennung meines Namens herausgab,[1] gezogen worden, wo hievon ausführlicher, ob zwar in Verknüpfung mit verschiedenen etwas gewagten Hypothesen gehandelt ward. Die Verwandtschaft indessen, die zum mindesten die erlaubte Freiheit, sich an solche Erklärungen zu wagen, mit meiner Hauptabsicht hat, imgleichen der Wunsch, einiges an dieser Hypothese von Kennern beurteilt zu sehen, haben veranlaßt, diese Betrachtung einzumischen, die vielleicht zu kurz ist, um alle Gründe derselben zu verstehen, oder auch zu weitläuftig vor diejenige, die hier nichts wie Metaphysik anzutreffen vermuten, und von denen sie füglich kann überschlagen werden. Es wird vielleicht nötig sein, einige Druckfehler, die den Sinn des Vortrages verändern könnten, und die man am Ende des Werks sieht, vorhero zu verbessern, ehe man diese Schrift liest.

Das Werk selber besteht aus drei Abteilungen; davon die *erste* den Beweisgrund selber, die *zweite* den weitläuftigen Nutzen desselben, die *dritte* aber Gründe vorlegt, um darzutun, daß kein anderer zu einer Demonstration vom Dasein Gottes möglich sei.

Erste Abteilung, worin der Beweisgrund zur Demonstration des Daseins Gottes geliefert wird

Erste Betrachtung.
Vom Dasein überhaupt

Die Regel der Gründlichkeit erfodert es nicht allemal, daß selbst im tiefsinnigsten Vortrage ein jeder vorkommender Begriff entwickelt oder erkläret werde; wenn man nämlich versichert ist, daß der bloß klare gemeine Begriff in dem Falle, da er gebraucht wird, keinen Mißverstand veranlassen könne; so wieder Meßkünstler die geheimsten Eigenschaften und Verhältnisse des Ausgedehnten mit der größten Gewißheit aufdeckt, ob er sich gleich hiebei lediglich des gemeinen Begriffs vom Raum bedienet, und wie selbst in der allertiefsinnigsten Wissenschaft das Wort *Vorstellung* genau genug verstanden und mit Zuversicht gebraucht wird, wiewohl seine Bedeutung niemals durch eine Erklärung kann aufgelöset werden.

Ich würde mich daher in diesen Betrachtungen nicht bis zur Auflösung des sehr einfachen und wohlverstandnen Begriffs des Daseins versteigen, wenn nicht hier gerade der Fall wäre, wo diese Verabsäumung Verwirrung und wichtige Irrtümer veranlassen kann. Es ist sicher, daß er in der übrigen ganzen Weltweisheit so unentwickelt, wie er im gemeinen Gebrauch vorkommt, ohne Bedenken könne angebracht werden, die einzige Frage vom absolut notwendigen und zufälligen Dasein ausgenommen, denn hier hat eine subtilere Nachforschung aus einem unglücklich gekünstelten sonst sehr reinen Begriff irrige Schlüsse gezogen, die sich über einen der erhabensten Teile der Weltweisheit verbreitet haben.

Man erwarte nicht, daß ich mit einer förmlichen Erklärung des Daseins den Anfang machen werde. Es wäre zu wünschen, daß man dieses niemals täte, wo es so unsicher ist, richtig erklärt zu haben, und dieses ist es öfter, als man wohl denkt. Ich werde so verfahren als einer, der die Definition sucht, und sich zuvor von demjenigen versichert, was man mit Gewißheit bejahend oder verneinend von dem Gegenstande der Erklärung sagen kann, ob er gleich noch nicht ausmacht, worin der ausführlich bestimmte Begriff desselben bestehe. Lange vorher, ehe man eine Erklärung von seinem Gegenstande wagt, und selbst denn, wenn man sich gar nicht getraut, sie zu geben, kann man viel von derselben Sache mit größester Gewißheit sagen. Ich zweifle, daß einer jemals richtig erklärt habe, was der Raum sei. Allein, ohne mich damit einzulassen, bin ich gewiß, daß, wo er ist, äußere Beziehungen sein müssen, daß er nicht mehr als drei

Abmessungen haben könne, u.s.w. Eine Begierde mag sein was sie will, so gründet sie sich auf irgend eine Vorstellung, sie setzt eine Lust an dem Begehrten voraus u.s.f. Oft kann aus diesem, was man vor aller Definition von der Sache gewiß weiß, das, was zur Absicht unserer Untersuchung gehört, ganz sicher hergeleitet werden, und man wagt sich alsdenn in unnötige Schwierigkeiten, wenn man sich bis dahin versteigt. Die Methodensucht, die Nachahmung des Mathematikers, der auf einer wohlgebähnten Straße sicher fortschreitet, auf dem schlüpfrigen Boden der Metaphysik hat eine Menge solcher Fehltritte veranlaßt, die man beständig vor Augen sieht, und doch ist wenig Hoffnung, daß man dadurch gewarnet, und behutsamer zu sein lernen werde. Diese Methode ist es allein, kraft welcher ich einige Aufklärungen hoffe, die ich vergeblich bei andern gesucht habe; denn was die schmeichelhafte Vorstellung anlangt, die man sich macht, daß man durch größere Scharfsinnigkeit es besser als andre treffen werde, so versteht man wohl, daß jederzeit alle so geredet haben, die uns aus einem fremden Irrtum in den ihrigen haben ziehen wollen.

1. Das Dasein ist gar kein Prädikat oder Determination von irgend einem Dinge

Dieser Satz scheint seltsam und widersinnig, allein er ist ungezweifelt gewiß. Nehmet ein Subjekt, welches ihr wollt, z. E. den Julius Cäsar. Fasset alle seine erdenkliche Prädikate, selbst die der Zeit und des Orts nicht ausgenommen, in ihm zusammen, so werdet ihr bald begreifen, daß er mit allen diesen Bestimmungen existieren, oder auch nicht existieren kann. Das Wesen, welches dieser Welt und diesem Helden in derselben das Dasein gab, konnte alle diese Prädikate, nicht ein einiges ausgenommen, erkennen, und ihn doch als ein bloß möglich Ding ansehen, das, seinen Ratschluß ausgenommen, nicht existiert. Wer kann in Abrede ziehen, daß Millionen von Dingen, die wirklich nicht dasein, nach allen Prädikaten, die sie enthalten würden wenn sie existierten, bloß möglich sein; daß in der Vorstellung, die das höchste Wesen von ihnen hat, nicht eine einzige ermangele, obgleich das Dasein nicht mit darunter ist, denn es erkennet sie nur als mögliche Dinge. Es kann also nicht statt finden, daß, wenn sie existieren, sie ein Prädikat mehr enthielten, denn bei der Möglichkeit eines Dinges nach seiner durchgängigen Bestimmung kann gar kein Prädikat fehlen. Und wenn es Gott gefallen hätte, eine andere Reihe der Dinge, eine andere Welt zu schaffen, so würde sie mit allen den Bestimmungen und keinen mehr existiert haben, die er an ihr doch erkennet, ob sie gleich bloß möglich ist.

Gleichwohl bedienet man sich des Ausdrucks vom Dasein als eines Prädikats und man kann dieses auch sicher und ohne besorgliche Irrtümer tun, so lange man es nicht darauf aussetzt, das Dasein aus bloß möglichen Begriffen herleiten zu wollen, wie man zu tun pflegt, wenn man die absolut notwendige Existenz beweisen will. Denn alsdenn sucht man umsonst unter den Prädikaten eines solchen möglichen Wesens, das Dasein findet sich gewiß nicht darunter. Es ist aber das Dasein in denen Fällen, da es im gemeinen Redegebrauch als ein Prädikat vorkömmt, nicht so wohl ein Prädikat von dem Dinge selbst, als vielmehr von dem Gedanken, den man davon hat. Z. E. dem Seeeinhorn kommt die Existenz zu, dem Landeinhorn nicht. Es will dieses nichts anders sagen, als die Vorstellung des Seeeinhorns ist ein Erfahrungsbegriff, das ist, die Vorstellung eines existierenden Dinges. Daher man auch, um die Richtigkeit dieses Satzes von dem Dasein einer solchen Sache darzutun, nicht in dem Begriffe des Subjekts sucht, denn da findet man nur Prädikate der Möglichkeit, sondern in dem Ursprunge der Erkenntnis, die ich davon habe. Ich habe, sagt man, es gesehen, oder von denen vernommen, die es gesehen haben. Es ist daher kein völlig richtiger Ausdruck zu sagen: Ein Seeeinhorn ist ein existierend Tier, sondern umgekehrt, einem gewissen existierenden Seetiere kommen die Prädikate zu, die ich an einem Einhorn zusammen gedenke. Nicht: regelmäßige Sechsecke existieren in der Natur, sondern: gewisse Dinge in der Natur, wie denen Bienenzellen oder dem Bergkristall kommen die Prädikate zu, die in einem Sechsecke beisammen gedacht werden. Eine jede menschliche Sprache hat, von den Zufälligkeiten ihres Ursprungs, einige nicht zu ändernde Unrichtigkeiten, und es würde grüblerisch und unnütze sein, wo in dem gewöhnlichen Gebrauche gar keine Mißdeutungen daraus erfolgen können, an ihr zu künsteln und einzuschränken, genug daß in den seltnern Fällen einer höher gesteigerten Betrachtung, wo es nötig ist, diese Unterscheidungen beigefügt werden. Man wird von dem hier Angeführten nur allererst zureichend urteilen können, wenn man das Folgende wird gelesen haben.

.

2. Das Dasein ist die absolute Position eines Dinges und unterscheidet sich dadurch auch von jeglichem Prädikate, welches als ein solches jederzeit bloß beziehungsweise auf ein ander Ding gesetzt wird

Der Begriff der Position oder Setzung ist völlig einfach, und mit dem vom Sein überhaupt einerlei. Nun kann etwas als bloß beziehungsweise gesetzt, oder besser bloß die Beziehung (respectus logicus) von etwas als einem Merkmal zu einem Dinge gedacht werden, und denn ist das Sein, das ist die Position dieser Beziehung nichts als der Verbindungsbegriff in einem Urteile. Wird nicht bloß diese Beziehung, sondern die Sache an und vor sich selbst gesetzt betrachtet, so ist dieses Sein so viel als Dasein.

So einfach ist dieser Begriff, daß man nichts zu seiner Auswickelung sagen kann, als nur die Behutsamkeit anzumerken, daß er nicht mit den Verhältnissen, die die Dinge zu ihren Merkmale haben, verwechselt werde.

Wenn man einsieht, daß unsere gesamte Erkenntnis sich doch zuletzt in unauflöslichen Begriffen endige, so begreift man auch, daß es einige geben werde, die beinahe unauflöslich sein, das ist, wo die Merkmale nur sehr wenig klärer und einfacher sein, als die Sache selbst. Dieses ist der Fall bei unserer Erklärung von der Existenz. Ich gestehe gerne, daß durch dieselbe der Begriff des Erklärten nur in einem sehr kleinen Grade deutlich werde. Allein die Natur des Gegenstandes in Beziehung auf die Vermögen unseres Verstandes verstattet auch keinen höhern Grad.

Wenn ich sage, Gott ist allmächtig, so wird nur diese logische Beziehung zwischen Gott und der Allmacht gedacht, da das letztere ein Merkmal des erstern ist. Weiter wird hier nichts gesetzt. Ob Gott sei, das ist, absolute gesetzt sei oder existiere, das ist darin gar nicht enthalten. Daher auch dieses Sein ganz richtig selbst bei denen Beziehungen gebraucht wird, die Undinge gegen einander haben. Z. E. Der Gott des Spinoza ist unaufhörlichen Veränderungen unterworfen.

Wenn ich mir vorstelle, Gott spreche über eine mögliche Welt sein allmächtiges *Werde*, so erteilet er dem in seinem Verstande vorgestellten Ganzen keine neue Bestimmungen, er setzet nicht ein neues Prädikat hinzu, sondern er setzet diese Reihe der Dinge, in welcher alles sonst nur beziehungsweise auf dieses Ganze gesetzt war, mit allen Prädikaten absolute oder schlechthin. Die Beziehungen aller Prädikate zu ihren Subjekten bezeichnen niemals etwas Existierendes, das Subjekt müßte denn schon als existierend voraus gesetzt werden. Gott ist allmächtig, muß ein wahrer Satz auch in dem Urteil desjenigen bleiben, der dessen Dasein nicht erkennet, wenn er mich nur wohl versteht, wie ich den Begriff Gottes nehme. Allein sein Dasein muß unmittelbar zu der Art gehören, wie sein Begriff gesetzt wird, denn in den Prädikaten selber wird es nicht gefunden. Und wenn nicht schon das Subjekt als existierend voraus gesetzt ist, so bleibt es bei jeglichen Prädikate unbestimmt, ob es zu einem existierenden oder bloß möglichen Subjekte gehöre. Das Dasein kann daher selber kein Prädikat sein. Sage ich, Gott ist ein existierend Ding, so scheint es, als wenn ich die Beziehung eines Prädikats zum Subjekte ausdrückte. Allein es liegt auch eine Unrichtigkeit in diesem Ausdruck. Genau gesagt sollte es heißen: Etwas Existierendes ist Gott, das ist, einem existierenden Dinge kommen diejenigen Prädikate zu, die wir zusammen genommen durch den Ausdruck, Gott, bezeichnen. Diese Prädikate sind beziehungsweise auf dieses Subjekt gesetzt, allein das Ding selber samt allen Prädikaten ist schlechthin gesetzt.

Ich besorge durch zu weitläuftige Erläuterung einer so einfachen Idee unvernehmlich zu werden. Ich könnte auch noch befürchten, die Zärtlichkeit derer, die vornehmlich über Trockenheit klagen, zu beleidigen. Allein ohne diesen Tadel vor etwas Geringes zu halten, muß ich mir diesmal hiezu Erlaubnis ausbitten. Denn ob ich schon an der überfeinen Weisheit dererjenigen, welche sichere und brauchbare Begriffe in ihrer logischen Schmelzküche so lange übertreiben, abziehen und verfeinern, bis sie in

Dämpfen und flüchtigen Salzen verrauchen, so wenig Geschmack als jemand anders finde, so ist der Gegenstand der Betrachtung, den ich vor mir habe, doch von der Art, daß man entweder gänzlich es aufgeben muß, eine demonstrativische Gewißheit davon jemals zu erlangen, oder es sich muß gefallen lassen, seine Begriffe bis in diese Atomen aufzulösen.

3. Kann ich wohl sagen, daß im Dasein mehr als in der bloßen Möglichkeit sei?

Diese Frage zu beantworten merke ich nur zuvor an, daß man unterscheiden müsse, was da gesetzt sei, und wie es gesetzt sei. Was das erstere anlanget, so ist in einem wirklichen Dinge nicht mehr gesetzt als in einem bloß möglichen, denn alle Bestimmungen und Prädikate des wirklichen können auch bei der bloßen Möglichkeit desselben angetroffen werden, aber das letztere betreffend, so ist allerdings durch die Wirklichkeit mehr gesetzt. Denn frage ich, wie ist alles dieses bei der bloßen Möglichkeit gesetzt, so werde ich inne, es geschehe nur beziehungsweise auf das Ding selber, d.i. wenn ein Triangel ist, so sind drei Seiten, ein beschlossener Raum, drei Winkel u.s.w. oder besser die Beziehungen dieser Bestimmungen zu einem solchen Etwas, wie ein Triangel ist, ist bloß gesetzt, aber existiert er, so ist alles dieses absolute, d.i. die Sache selbst zusamt diesen Beziehungen, mithin mehr gesetzt. Um daher in einer so subtilen Vorstellung alles zusammen zu fassen, was die Verwirrung verhüten kann, so sage, in einem Existierenden wird nichts mehr gesetzt als in einem bloß Möglichen (denn alsdenn ist die Rede von den Prädikaten desselben), allein durch etwas Existierendes wird mehr gesetzt als durch ein bloß Mögliches, denn dieses gehet auch auf absolute Position der Sache selbst. So gar ist, in der bloßen Möglichkeit, nicht die Sache selbst, sondern es sind bloße Beziehungen von etwas zu etwas nach dem Satze des Widerspruchs gesetzt, und es bleibt fest, daß das Dasein eigentlich gar kein Prädikat von irgend einem Dinge sei. Obgleich meine Absicht hier gar nicht ist, mit Widerlegungen mich einzulassen, und meiner Meinung nach, wenn ein Verfasser mit vorurteilfreier Denkungsart anderer Gedanken gelesen, und durch damit verknüpftes Nachdenken sie sich eigen gemacht hat, das Urteil über seine neue und abweichende Lehrsätze ziemlich sicher dem Leger überlassen kann, so will ich doch nur mit wenig Worten darauf führen.

Die Wolffische Erklärung des Daseins, daß es eine Ergänzung der Möglichkeit sei, ist offenbar sehr un bestimmt. Wenn man nicht schön vorher weiß, was über die Möglichkeit in einem Dinge kann gedacht werden, so wird man es durch diese Erklärung nicht lernen. Baumgarten führt die durchgängige innere Bestimmung, in so fern sie dasjenige ergänzet, was durch die im Wesen liegende oder daraus fließende

Prädikate unbestimmt gelassen ist, als dasjenige an, was im Dasein mehr als in der bloßen Möglichkeit ist; allein wir haben schon gesehen, daß in der Verbindung eines Dinges mit allen erdenklichen Prädikaten niemals ein Unterschied desselben von einem bloß Möglichen liege. Überdem kann der Satz: daß ein möglich Ding als ein solches betrachtet in Ansehung vieler Prädikate unbestimmt sei, wenn er so nach dem Buchstaben genommen wird, eine große Unrichtigkeit veranlassen. Denn die Regel der Ausschließung eines Mittlern zwischen zwei widersprechend entgegen Gesetzten verbietet dieses, und es ist daher z. E. ein Mensch, der nicht eine gewisse Statur, Zeit, Alter, Ort u.d.g. hätte, unmöglich. Man muß ihn vielmehr in diesem Sinne nehmen: durch die an einem Dinge zusammengedachte Prädikate sind viele andere ganz und gar nicht bestimmt, so wie durch dasjenige, was in dem Begriff eines Menschen als eines solchen zusammengenommen ist, in Ansehung der besondern Merkmale des Alters, Orts u.s.w. nichts ausgemacht wird. Aber diese Art der Unbestimmtheit ist alsdenn eben so wohl bei einem existierenden als bei einem bloß möglichen Dinge anzutreffen, weswegen dieselbe zu keinem Unterschiede beider kann gebraucht werden. Der berühmte Crusius rechnet das Irgendwo und Irgendwenn zu den untrieglichen Bestimmungen des Daseins. Allein ohne uns in die Prüfung des Satzes selber: daß alles, was da ist, irgendwo oder irgendwenn sein müsse, einzulassen, so gehören diese Prädikate noch immer auch zu bloß möglichen Dingen. Denn so könnte, an manchen bestimmten Orten, mancher Mensch zu einer gewissen Zeit existieren, dessen alle Bestimmungen der Allwissende, so wie sie ihm beiwohnen würden, wenn existierte, wohl kennet, und der gleichwohl wirklich nicht da ist; und der ewige Jude Ahasverus nach allen Ländern, die er durchwandern, oder allen Zeiten, die er durchleben soll, ist ohne Zweifel ein möglicher Mensch. Man wird doch hoffentlich nicht fodern, daß das Irgendwo und Irgendwenn nur denn ein zureichend Merkmal des Daseins sei, wenn das Ding wirklich da oder alsdenn ist, denn da würde man fodern, daß dasjenige schon eingeräumet werde, was man sich anheischig macht durch ein taugliches Merkmal von selber kenntlich zu machen.

Zweite Betrachtung.
Von der innern Möglichkeit in so fern sie ein Dasein voraussetzet
1. Nötige Unterscheidung bei dem Begriffe der Möglichkeit

Alles, was in sich selbst widersprechend ist, ist innerlich unmöglich. Dieses ist ein wahrer Satz, wenn man es gleich dahin gestellt sein lässet, daß es eine wahre Erklärung sei. Bei diesem Widerspruche aber ist klar, daß etwas mit etwas im logischen Widerstreit stehen müsse, das ist, dasjenige verneinen müsse, was in eben demselben zugleich bejahet ist. Selbst nach dem Herren Crusius, der diesen Streit nicht bloß in einem innern Widerspruche setzt, sondern behauptet, daß er überhaupt durch den Verstand nach einem ihm natürlichen Gesetze wahrgenommen werde, ist im Unmöglichen allemal eine Verknüpfung mit etwas, was gesetzt, und etwas, wodurch es zugleich aufgehoben wird. Diese Repugnanz nenne ich das Formale der Undenklichkeit oder Unmöglichkeit; das Materiale, was hiebei gegeben ist, und welches in solchem Streite stehet, ist an sich selber etwas und kann gedacht werden. Ein Triangel, der viereckicht wäre, ist schlechterdings unmöglich. Indessen ist gleichwohl ein Triangel, imgleichen etwas Viereckichtes an sich selber etwas. Diese Unmöglichkeit beruhet lediglich auf logischen Beziehungen von einem Denklichen zum andern, da eins nur nicht ein Merkmal des andern sein kann. Eben so muß in jeder Möglichkeit das Etwas, was gedacht wird, und denn die Übereinstimmung desjenigen, was in ihm zugleich gedacht wird, mit dem Satze des Widerspruchs, unterschieden werden. Ein Triangel, der einen rechten Winkel hat, ist an sich selber möglich. Der Triangel so wohl, als die rechten Winkel sind die Data oder das Materiale in diesem Möglichen, die Übereinstimmung aber des einen mit dem andern nach dem Satze des Widerspruchs sind das Formale der Möglichkeit. Ich werde dieses letztere auch das Logische in der Möglichkeit nennen, weil die Vergleichung der Prädikate mit ihren Subjekten nach der Regel der Wahrheit nichts anders als eine logische Beziehung ist, das Etwas, oder was in dieser Übereinstimmung steht, wird bisweilen das Reale der Möglichkeit heißen. Übrigens bemerke ich, daß hier jederzeit von keiner andern Möglichkeit oder Unmöglichkeit, als der innern oder schlechterdings und absolute so genannten die Rede sein wird.

2. Die innere Möglichkeit aller Dinge setzt irgend ein Dasein voraus

Es ist aus dem anjetzt Angeführten deutlich zu ersehen, daß die Möglichkeit wegfalle, nicht allein wenn ein innerer Widerspruch als das Logische der Unmöglichkeit anzutreffen, sondern auch wenn kein Materiale, kein Datum zu denken da ist. Denn alsdenn ist nichts Denkliches gegeben, alles Mögliche aber ist etwas was gedacht werden kann, und dem die logische Beziehung, gemäß dem Satze des Widerspruchs zukommt.
Wenn nun alles Dasein aufgehoben wird, so ist nichts schlechthin gesetzt, es ist überhaupt gar nichts gegeben, kein Materiale zu irgend etwas Denklichen, und alle Möglichkeit fällt gänzlich weg. Es ist zwar kein innerer Widerspruch in der Verneinung aller Existenz. Denn da hiezu erfodert würde, daß etwas gesetzt und zugleich aufgehoben werden müßte, hier aber überall nichts gesetzt ist, so kann man freilich nicht sagen, daß diese Aufhebung einen innern Widerspruch enthalte. Allein, daß irgend eine Möglichkeit sei und doch gar nichts Wirkliches, das widerspricht sich, weil, wenn

nichts existiert, auch nichts gegeben ist, das da denklich wäre, und man sich selbst widerstreitet, wenn man gleichwohl will, daß etwas möglich sei. Wir haben in der Zergliederung des Begriffs vom Dasein verstanden, daß das Sein oder schlechthin gesetzt sein, wenn man diese Worte dazu nicht braucht, logische Beziehungen der Prädikate zu Subjekten auszudrücken, ganz genau einerlei mit dem Dasein bedeute. Demnach zu sagen: es existiert nichts, heißt eben so viel, als: es ist ganz und gar nichts; und es widerspricht sich offenbar, dessen ungeachtet hinzuzufügen, es sei etwas möglich.

3. Es ist schlechterdings unmöglich, daß gar nichts existiere

Wodurch alle Möglichkeit überhaupt aufgehoben wird, das ist schlechterdings unmöglich. Denn dieses sind gleichbedeutende Ausdrücke. Nun wird erstlich durch das, was sich selbst widerspricht, das Formale aller Möglichkeit, nämlich die Übereinstimmung mit dem Satze des Widerspruchs aufgehoben, daher ist, was in sich selbst widersprechend ist, schlechterdings unmöglich. Dieses ist aber nicht der Fall, in dem wir die gänzliche Beraubung alles Daseins zu betrachten haben. Denn darin liegt, wie erwiesen ist, kein innerer Widerspruch. Allein wodurch das Materiale und die Data zu allem Möglichen aufgehoben werden, dadurch wird auch alle Möglichkeit verneinet. Nun geschieht dieses durch die Aufhebung alles Daseins, also wenn alles Dasein verneinet wird, so wird auch alle Möglichkeit aufgehoben. Mithin ist schlechterdings unmöglich, daß gar nichts existiere.

4. Alle Möglichkeit ist in irgend etwas Wirklichen gegeben, entweder in demselben als eine Bestimmung, oder durch dasselbe als eine Folge

Es ist von aller Möglichkeit insgesamt und von jeder insonderheit darzutun, daß sie etwas Wirkliches, es sei nun ein Ding oder mehrere, voraussetze. Diese Beziehung aller Möglichkeit auf irgend ein Dasein kann nun zwiefach sein. Entweder das Mögliche ist nur denklich, in so fern es selber wirklich ist, und denn ist die Möglichkeit in dem Wirklichen, als eine Bestimmung gegeben; oder es ist möglich darum, weil etwas anders wirklich ist, d.i. seine innere Möglichkeit ist als eine Folge durch ein ander Dasein gegeben. Die erläuternde Beispiele können noch nicht füglich hier herbei geschaft werden. Die Natur desjenigen Subjekts, welches das einzige ist, das zu einem Beispiele in dieser Betrachtung dienen kann, soll allererst erwogen werden. Indessen bemerke ich nur noch, daß ich dasjenige Wirkliche, durch welches als einen Grund die innere Möglichkeit anderer gegeben ist, den ersten Real-Grund dieser absoluten Möglichkeit nennen werde, so wie der Satz des Widerspruchs der erste logische Grund derselben ist, weil in der Übereinstimmung mit ihm das Formale der Möglichkeit liegt, so wie jenes die Data und das Materiale im Denklichen liefert.

Ich begreife wohl, daß Sätze von derjenigen Art, als in dieser Betrachtung vorgetragen werden, noch mancher Erläuterung bedürftig sein, um dasjenige Licht zu bekommen, das zur Augenscheinlichkeit erfodert wird. Indessen legt die so sehr abgezogene Natur des Gegenstandes selbst aller Bemühung der größeren Aufklärung Hindernisse, so wie die mikroskopischen Kunstgriffe des Sehens zwar das Bild des Gegenstandes bis zur Unterscheidung sehr kleiner Teile erweitern, aber auch in demselben Maße die Helligkeit und Lebhaftigkeit des Eindrucks vermindern. Gleichwohl will ich so viel als ich vermag den Gedanken von dem selbst bei der innren Möglichkeit jederzeit zum Grunde liegenden Dasein in eine etwas größere Naheit zu den gemeinern Begriffen eines gesunden Verstandes zu bringen suchen.

Ihr erkennet, daß ein feuriger Körper, ein listiger Mensch oder dergleichen etwas möglich sein, und wenn ich nichts mehr als die innere Möglichkeit verlange, so werdet ihr gar nicht nötig finden, daß ein Körper oder Feuer u.s.w. als die Data hiezu existieren müssen, denn sie sind einmal denklich, und das ist genug. Die Zustimmung aber des Prädikats feurig mit dem Subjekte Körper nach dem Grunde des Widerspruchs liegt in diesen Begriffen selber, sie mögen wirkliche oder bloß mögliche Dinge sein. Ich räume auch ein, daß weder Körper noch Feuer wirkliche Dinge sein dörfen, und gleichwohl ein feuriger Körper innerlich möglich sei. Allein ich fahre fort zu fragen, ist denn ein Körper selber an sich möglich? Ihr werdet mir, weil ihr hier euch nicht auf Erfahrung berufen müsset, die Data zu seiner Möglichkeit, nämlich Ausdehnung, Undurchdringlichkeit, Kraft und wer weiß was mehr herzählen und dazu setzen, daß darin kein innerer Widerstreit sei. Ich räume noch alles ein, allein ihr müßt mir Rechenschaft geben, weswegen ihr den Begriff der Ausdehnung als ein Datum so gerade anzunehmen Recht habt, denn gesetzt, er bedeute nichts, so ist eure davor ausgegebene Möglichkeit des Körpers ein Blendwerk. Es wäre auch sehr unrichtig, sich auf die Erfahrung wegen dieses Dati zu berufen, denn es ist jetzt eben die Frage, ob eine innere Möglichkeit des feurigen Körpers statt findet, wenn gleich gar nichts existiert. Gesetzt daß ihr anjetzt nicht mehr den Begriff der Ausdehnung in einfachere Data zerfällen könnt, um anzuzeigen, daß in ihm nichts Widerstreitendes sei, wie ihr denn notwendig zuletzt auf etwas, dessen Möglichkeit nicht zergliedert werden kann, kommen müßt, so ist alsdenn hier die Frage, ob Raum oder Ausdehnung leere Wörter sind, oder ob sie etwas bezeichnen. Der Mangel des Widerspruchs macht es hier nicht aus; ein leeres Wort bezeichnet niemals etwas Widersprechendes. Wenn nicht der Raum existiert, oder wenigstens durch etwas Existierendem gegeben ist als eine Folge, so bedeutet das Wort Raum gar nichts. So lange ihr noch die Möglichkeiten durch den Satz des

Widerspruchs bewähret, so fußet ihr euch auf dasjenige, was euch in dem Dinge Denkliches gegeben ist, und betrachtet nur die Verknüpfung nach dieser logischen Regel, aber am Ende, wenn ihr bedenket, wie euch denn dieses gegeben sei, könnt ihr euch nimmer worauf anders, als auf ein Dasein berufen.

Allein wir wollen den Fortgang dieser Betrachtungen abwarten. Die Anwendung selber wird einen Begriff faßlicher machen, den, ohne sich selbst zu übersteigen, man kaum vor sich allein deutlich machen kann, weil er von dem ersten, was beim Denklichen zum Grunde liegt, selber handelt.

Dritte Betrachtung.
Von dem schlechterdings notwendigen Dasein
1. Begriff der absolut notwendigen Existenz überhaupt

Schlechterdings notwendig ist, dessen Gegenteil an sich selbst unmöglich ist. Dieses ist eine ungezweifelt richtige Nominal-Erklärung. Wenn ich aber frage: worauf kommt es denn an, damit das Nichtsein eines Dinges schlechterdings unmöglich sei? so ist das, was ich suche, die Realerklärung, die uns allein zu unserm Zwecke etwas nutzen kann. Alle unsere Begriffe von der inneren Notwendigkeit, in den Eigenschaften möglicher Dinge, von welcher Art sie auch sein mögen, laufen darauf hinaus, daß das Gegenteil sich selber widerspricht. Allein wenn es auf eine schlechterdings notwendige Existenz ankommt, so würde man mit schlechtem Erfolg, durch das nämliche Merkmal, bei ihr etwas zu verstehen suchen. Das Dasein ist gar kein Prädikat, und die Aufhebung des Daseins keine Verneinung eines Prädikats, wodurch etwas in einem Dinge sollte aufgehoben werden, und ein innerer Widerspruch entstehen können. Die Aufhebung eines existierenden Dinges ist eine völlige Verneinung alle desjenigen, was schlechthin oder absolute durch sein Dasein gesetzt würde. Die logische Beziehungen zwischen dem Dinge als einem Möglichen und seinen Prädikaten bleiben gleichwohl. Allein diese sind ganz was anders, als die Position des Dinges zusamt seinen Prädikaten schlechthin, als worin das Dasein besteht. Demnach wird nicht eben dasselbe, was in dem Dinge gesetzt wird, sondern was anders durch das Nichtsein aufgehoben, und ist demnach hierin niemals ein Widerspruch. In der letztern Betrachtung dieses Werks wird alles dieses in dem Falle, da man die absolutnotwendige Existenz wirklich vermeinet hat durch den Satz des Widerspruchs zu begreifen, durch eine klare Entwickelung dieser Untauglichkeit überzeugender gemacht werden. Man kann indessen die Notwendigkeit, in den Prädikaten bloß möglicher Begriffe, die logische Notwendigkeit nennen. Allein diejenige, deren Hauptgrund ich aufsuche, nämlich die des Daseins, ist die absolute Realnotwendigkeit. Ich finde zuerst: daß, was ich schlechterdings als nichts und unmöglich ansehen soll, das müsse alles Denkliche vertilgen. Denn bliebe dabei noch etwas zu denken übrig, so wäre es nicht gänzlich undenklich, und schlechthin unmöglich.

Wenn ich nun einen Augenblick nachdenke, weswegen dasjenige, was sich widerspricht, schlechterdings nichts und unmöglich sei, so bemerke ich: daß, weil dadurch der Satz des Widerspruchs, der letzte logische Grund alles Denklichen, aufgehoben wird, alle Möglichkeit verschwinde, und nichts dabei mehr zu denken sei. Ich nehme daraus alsbald ab, daß, wenn ich alles Dasein überhaupt aufhebe, und hiedurch der letzte Realgrund alles Denklichen wegfällt, gleichfalls alle Möglichkeit verschwindet, und nichts mehr zu denken bleibt. Demnach kann etwas schlechterdings notwendig sein, entweder wenn durch sein Gegenteil das Formale alles Denklichen aufgehoben wird, das ist, wenn es sich selbst widerspricht, oder auch, wenn sein Nichtsein das Materiale zu allem Denklichen, und alle Data dazu aufhebt. Das erste findet, wie gesagt, niemals beim Dasein statt, und weil kein Drittes möglich ist, so ist entweder der Begriff von der schlechterdings notwendigen Existenz gar ein täuschender und falscher Begriff, oder er muß darin beruhen, daß das Nichtsein eines Dinges zugleich die Verneinung von den Datis zu allen Denklichen sei. Daß aber dieser Begriff nicht erdichtet, sondern etwas Wahrhaftes sei, erhellet auf folgende Art.

2. Es existiert ein schlechterdings notwendiges Wesen

Alle Möglichkeit setzet etwas Wirkliches voraus, worin und wodurch alles Denkliche gegeben ist. Demnach ist eine gewisse Wirklichkeit, deren Aufhebung selbst alle innere Möglichkeit überhaupt aufheben würde. Dasjenige aber, dessen Aufhebung oder Verneinung alle Möglichkeit vertilgt, ist schlechterdings notwendig. Demnach existiert etwas absolut notwendiger Weise. Bis dahin erhellet, daß ein Dasein eines oder mehrerer Dinge selbst aller Möglichkeit zum Grunde liege, und daß dieses Dasein an sich selbst notwendig sei. Man kann hieraus auch leichtlich den Begriff der Zufälligkeit abnehmen. Zufällig ist nach der Worterklärung, dessen Gegenteil möglich ist. Um aber die Sacherklärung davon zu finden, so muß man auf folgende Art unterscheiden. Im logischen Verstande ist dasjenige, als ein Prädikat, an einem Subjekte zufällig, dessen Gegenteil demselben nicht widerspricht. Z. E. Einem Triangel überhaupt ist es zufällig, daß er rechtwinklicht sei. Diese Zufälligkeit findet lediglich bei der Beziehung der Prädikate zu ihren Subjekten statt, und leidet, weil das Dasein kein Prädikat ist, auch gar keine Anwendung auf die Existenz. Dagegen ist im Realverstande zufällig dasjenige, dessen Nichtsein zu denken ist, das ist, dessen Aufhebung nicht alles Denkliche aufhebt. Wenn demnach die innere Möglichkeit der Dinge ein gewisses Dasein nicht voraussetzt, so ist dieses zufällig, weil sein Gegenteil die Möglichkeit nicht aufhebt. Oder: Dasjenige Dasein, wodurch nicht das Materiale zu allem Denklichen gegeben ist, ohne welches also noch etwas zu denken, das ist, möglich ist, dessen Gegenteil ist im Realverstande möglich, und das ist in eben demselben Verstande auch zufällig.

3. Das notwendige Wesen ist einig

Weil das notwendige Wesen den letzten Realgrund aller andern Möglichkeit enthält, so wird ein jedes andere Ding nur möglich sein, in so fern es durch ihn als einen Grund gegeben ist. Demnach kann ein jedes andere Ding nur als eine Folge von ihm statt finden, und ist also aller andern Dinge Möglichkeit und Dasein von ihm abhängend. Etwas aber, was selbst abhängend ist, enthält nicht den letzten Realgrund aller Möglichkeit, und ist demnach nicht schlechterdings notwendig. Mithin können nicht mehrere Dinge absolut notwendig sein.

Setzet, A sei ein notwendiges Wesen, und B ein anderes. So ist, vermöge der Erklärung, B nur in so fern möglich, als es durch einen andern Grund A, als die Folge desselben gegeben ist. Weil aber vermöge der Voraussetzung B selber notwendig ist, so ist seine Möglichkeit in ihm als ein Prädikat, und nicht als eine Folge aus einem andern, und doch nur als eine Folge laut dem vorigen gegeben, welches sich widerspricht.

4. Das notwendige Wesen ist einfach

Daß kein Zusammengesetztes aus viel Substanzen ein schlechterdings notwendiges Wesen sein könne, erhellet auf folgende Art. Setzet, es sei nur eins seiner Teile schlechterdings notwendig, so sind die andern nur insgesamt als Folgen durch ihn möglich, und gehören nicht zu ihm als Nebenteile. Gedenket euch, es wären mehrere oder alle notwendig, so widerspricht dieses der vorigen Nummer. Es bleibt demnach nichts übrig, als sie müssen ein jedes besonders zufällig, alle aber zusammen schlechterdings notwendig existieren. Nun ist dieses aber unmöglich, weil ein Aggregat von Substanzen nicht mehr Notwendigkeit im Dasein haben kann, als denen Teilen zukommt, und da diesen gar keine zukommt, sondern ihre Existenz zufällig ist, so würde auch die des Ganzen zufällig sein. Wenn man gedächte, sich auf die Erklärung des notwendigen Wesens berufen zu können, so daß man sagte, in jeglichem derer Teile wären die letzten Data einiger innern Möglichkeit, in allen zusammen alles Mögliche gegeben, so würde man etwas ganz Ungereimtes, nur auf eine verborgene

Art vorgestellet haben. Denn wenn man sich alsdenn die innere Möglichkeit so gedenket, daß einige können aufgehoben werden, doch so, daß übrigens, was durch die andere Teile noch Denkliches gegeben worden, bliebe, so müßte man sich vorstellen, es sei an sich möglich, daß die innere Möglichkeit verneinet oder aufgehoben werde. Es ist aber gänzlich undenklich und widersprechend, daß etwas nichts sei, und dieses will so viel sagen: eine innere Möglichkeit aufheben ist alles Denkliche vertilgen, woraus erhellet, daß die Data zu jedem Denklichen in demjenigen Dinge müssen gegeben sein, dessen Aufhebung auch das Gegenteil aller Möglichkeit ist, daß also, was den letzten Grund von einer innern Möglichkeit enthält, ihn auch von aller überhaupt enthalte, mithin dieser Grund nicht in verschiedenen Substanzen verteilt sein könne.

5. Das notwendige Wesen ist unveränderlich und ewig

Weil selbst seine eigene Möglichkeit, und jede andere dieses Dasein voraussetzt, so ist keine andere Art der Existenz desselben möglich, das heißt, es kann das notwendige Wesen nicht auf vielerlei Art existieren. Nämlich alles, was da ist, ist durchgängig bestimmt, da dieses Wesen nun lediglich darum möglich ist, weil es existiert, so findet keine Möglichkeit desselben statt, außer in so fern es in der Tat da ist; es ist also auf keine andere Art möglich, als wie es wirklich ist. Demnach kann es nicht auf andere Art bestimmt oder verändert werden. Sein Nichtsein ist schlechterdings unmöglich, mithin auch sein Ursprung und Untergang, demnach ist es ewig.

6. Das notwendige Wesen enthält die höchste Realität

Da die Data zu aller Möglichkeit in ihm anzutreffen sein müssen, entweder als Bestimmungen desselben, oder als Folgen, die durch ihn als den ersten Realgrund gegeben sein, so sieht man, daß alle Realität auf eine oder andere Art durch ihn begriffen sei. Allein eben dieselbe Bestimmungen, durch die dieses Wesen der höchste Grund ist von anderer möglichen Realität, setzen in ihm selber den größesten Grad realer Eigenschaften, der nur immer einem Dinge beiwohnen kann. Weil ein solches Wesen also das realste unter allen möglichen ist, indem so gar alle andere nur durch dasselbe möglich sein, so ist dieses nicht so zu verstehen, daß alle mögliche Realität zu seinen Bestimmungen gehöre. Dieses ist eine Vermengung der Begriffe, die bis dahin ungemein geherrscht hat. Man erteilt alle Realitäten Gott, oder dem notwendigen Wesen ohne Unterschied als Prädikate, ohne wahrzunehmen, daß sie nimmermehr in einem einzigen Subjekt als Bestimmungen neben einander können statt finden. Die

Undurchdringlichkeit der Körper, die Ausdehnung u.d.g. können nicht Eigenschaften von demjenigen sein, der da Verstand und Willen hat. Es ist auch umsonst, eine Ausflucht darin zu suchen, daß man die gedachte Beschaffenheiten nicht vor wahre Realität halte. Es ist ohne allen Zweifel der Stoß eines Körpers oder die Kraft des Zusammenhanges etwas wahrhaftig Positives. Eben so ist der Schmerz in den Empfindungen eines Geistes nimmermehr eine bloße Beraubung. Ein irriger Gedanke hat eine solche Vorstellung dem Scheine nach gerechtfertigt. Es heißt, Realität und Realität widersprechen einander niemals, weil beides wahre Bejahungen sein; demnach wider streiten sie auch einander nicht in einem Subjekte. Ob ich nun gleich einräume, daß hier kein logischer Widerstreit sei, so ist dadurch doch nicht die Realrepugnanz gehoben. Diese findet jederzeit statt, wenn etwas als ein Grund die Folge von etwas andern durch eine reale Entgegensetzung vernichtet. Die Bewegungskraft eines Körpers nach einer Direktion, und die Tendenz mit gleichem Grade in entgegengesetzter stehen nicht im Widerspruche. Sie sind auch wirklich zugleich in einem Körper möglich. Aber eine vernichtigt die Realfolge aus der andern, und da sonst von jeder insbesondere die Folge eine wirkliche Bewegung sein würde, so ist sie jetzt von beiden zusammen in einem Subjekte 0, das ist, die Folge von diesen entgegen gesetzten Bewegungskräften ist die Ruhe. Die Ruhe aber ist ohne Zweifel möglich, woraus man denn auch sieht, daß die Realrepugnanz ganz was anders sei als die logische, oder der Widerspruch; denn das, was daraus folgt, ist schlechterdings unmöglich. Nun kann aber in dem allerrealsten Wesen keine Realrepugnanz oder positiver Widerstreit seiner eigenen Bestimmungen sein, weil die Folge davon eine Beraubung oder Mangel sein würde, welches seiner höchsten Realität widerspricht, und da, wenn alle Realitäten in demselben als Bestimmungen lägen, ein solcher Widerstreit entstehen müßte, so können sie nicht insgesamt als Prädikate in ihm sein, mithin weil sie doch alle durch ihn gegeben sein, so werden sie entweder zu seinen Bestimmungen oder Folgen gehören.

Es könnte auch beim ersten Anblick scheinen zu folgen: daß, weil das notwendige Wesen den letzten Realgrund aller andern Möglichkeit enthält, in ihm auch der Grund der Mängel und Verneinungen derer Wesen der Dinge liegen müsse, welches, wenn es zugelassen würde, auch den Schluß veranlassen dürfte, daß es selbst Negationen unter seinen Prädikaten haben müsse, und nimmermehr nichts als Realität. Allein man richte nur seine Augen auf den einmal festgesetzten Begriff desselben. In seinem Dasein ist seine eigene Möglichkeit ursprünglich gegeben. Dadurch, daß es nun andere Möglichkeiten sein, wovon es den Realgrund enthält, folgt nach dem Satze des Widerspruchs, daß es nicht die Möglichkeit des realsten Wesens selber, und daher solche Möglichkeiten, welche Verneinungen und Mängel enthalten, sein müssen.

Demnach beruhet die Möglichkeit aller andern Dinge, in Ansehung dessen, was in ihnen real ist, auf dem notwendigen Wesen, als einem Realgrunde, die Mängel aber darauf, weil es andere Dinge und nicht das Urwesen selber sind, als einem logischen Grunde. Die Möglichkeit des Körpers, in so fern er Ausdehnung, Kräfte u. d. g. hat, ist in dem obersten alle Wesen gegründet; in so ferne ihm die Kraft zu denken gebricht, so liegt diese Verneinung in ihm selbst, nach dem Satz des Widerspruchs.

In der Tat sind Verneinungen an sich selbst nicht etwas, oder denklich, welches man sich leichtlich auf folgende Art faßlich machen kann. Setzet nichts als Negationen, so ist gar nichts gegeben, und kein Etwas, das zu denken wäre. Verneinungen sind also nur durch die entgegengesetzte Positionen denklich, oder vielmehr, es sind Positionen möglich, die nicht die größte sein. Und hierin liegen schon, nach dem Satze der Identität die Verneinungen selber. Es fällt auch leicht in die Augen, daß alle den Möglichkeiten anderer Dinge beiwohnende Vereinigungen keinen Realgrund (weil sie nichts Positives sind), mithin lediglich einen logischen Grund voraussetzen.

Vierte Betrachtung. Beweisgrund zu einer Demonstration des Daseins Gottes
1. Das notwendige Wesen ist ein Geist

Es ist oben bewiesen, daß das notwendige Wesen eine einfache Substanz sei, imgleichen, daß nicht allein alle andere Realität durch dasselbe, als einen Grund gegeben sei, sondern auch die größest mögliche, die in einem Wesen als Bestimmung kann enthalten sein, ihm beiwohne. Nun können verschiedene Beweise geführt werden, daß hiezu auch die Eigenschaften des Verstandes und Willens gehören. Denn erstlich, beides ist wahre Realität und beides kann mit der größest möglichen in einem Dinge beisammen bestehn, welches letztere man durch ein unmittelbares Urteil des Verstandes einzuräumen sich gedrungen sieht, ob es zwar nicht füglich zu derjenigen Deutlichkeit gebracht werden kann, welche logisch vollkommene Beweise erfodern.

Zweitens sind die Eigenschaften eines Geistes, Verstand und Willen, von der Art, daß wir uns keine Realität denken können, die, in Ermangelung derselben, einem Wesen eine Ersetzung tun könnte, welche dem Abgang derselben gleich wäre. Und da diese Eigenschaften also diejenige sind, welche der höchsten Grade der Realität fähig sein, gleichwohl aber unter die möglichen gehören, so müßte durch das notwendige Wesen, als einen Grund, Verstand und Wille, und alle Realität der geistigen Natur an andern möglich sein, die gleichwohl in ihm selbst nicht als eine Bestimmung angetroffen würde. Es würde demnach die Folge größer sein als selbst der Grund. Denn es ist gewiß, daß, wenn das höchste Wesen nicht selbst Verstand und Willen hat, ein jedes andere, welches durch ihn mit diesen Eigenschaften gesetzt werde, ohnerachtet es abhängend wäre, und mancherlei andere Mängel der Macht u.s.w. hätte, gleichwohl in Ansehung dieser Eigenschaften von der höchsten Art jenem in Realität vorgehen müßte. Weil nun die Folge den Grund nicht übertreffen kann, so müssen Verstand und Wille der notwendigen einfachen Substanz als Eigenschaften beiwohnen, das ist, sie ist ein Geist.

Drittens, Ordnung, Schönheit, Vollkommenheit in allem, was möglich ist, setzen ein Wesen voraus, in dessen Eigenschaften entweder diese Beziehungen gegründet sein, oder doch wenigstens durch welches Wesen die Dinge, diesen Beziehungen gemäß, als aus einem Hauptgrunde möglich sein. Nun ist das notwendige Wesen der hinlängliche Realgrund alles andern, was außer ihm möglich ist, folglich wird in ihm auch diejenige Eigenschaft, durch welche, diesen Beziehungen gemäß, alles außer ihm wirklich werden kann, anzutreffen sein. Es scheinet aber, daß der Grund der äußern Möglichkeit, der Ordnung, Schönheit und Vollkommenheit nicht zureichend ist, wofern nicht ein dem Verstande gemäßer Wille voraus gesetzt ist. Also werden diese Eigenschaften dem obersten Wesen müssen beigemessen werden.

Jedermann erkennet, daß, ungeachtet aller Gründe der Hervorbringung von Pflanzen und Bäumen, dennoch regelmäßige Blumenstücke, Alleen u. d. g. nur durch einen Verstand, der sie entwirft, und durch einen Willen, der sie ausführt, möglich sein. Alle Macht oder Hervorbringungskraft, imgleichen alle andere Data zur Möglichkeit ohne einen Verstand, sind unzulänglich, die Möglichkeit solcher Ordnung vollständig zu machen.

Aus einem dieser hier angeführten Gründe, oder aus ihnen insgesamt, wird der Beweis, daß das notwendige Wesen Willen und Verstand haben, mithin ein Geist sein müsse, hergeleitet werden können. Ich begnüge mich bloß, den Beweisgrund vollständig zu machen. Meine Absicht ist nicht, eine förmliche Demonstration darzulegen.

2. Es ist ein Gott

Es existiert etwas schlechterdings notwendig. Dieses ist einig in seinem Wesen, einfach in seiner Substanz, ein Geist nach seiner Natur, ewig in seiner Dauer, unveränderlich in seiner Beschaffenheit, allgenugsam in Ansehung alles Möglichen und Wirklichen. Es ist ein Gott. Ich gebe hier keine bestimmte Erklärung von dem Begriffe von Gott. Ich müßte dieses tun, wenn ich meinen Gegenstand systematisch betrachten wollte. Was ich hier darlege, soll die Analyse sein, dadurch man sich zur förmlichen Lehrverfassung tüchtig machen kann. Die Erklärung des Begriffs der Gottheit mag indessen angeordnet werden, wie man es vor gut findet, so bin ich doch gewiß, daß dasjenige Wesen, dessen Dasein wir nur eben bewiesen haben, eben dasjenige göttliche Wesen sei, dessen Unterscheidungszeichen man auf eine oder die andere Art in die kürzeste Benennung bringen wird.

3. Anmerkung

Weil aus der dritten Betrachtung nichts mehr erhellet, als daß alle Realität entweder in dem notwendigen Wesen als eine Bestimmung oder durch dasselbe als einen Grund müsse gegeben sein, so würde bis dahin unentschieden bleiben, ob die Eigenschaften des Verstandes und Willens in dem obersten Wesen als ihm beiwohnende Bestimmungen anzutreffen sein, oder bloß durch dasselbe an anderen Dingen als Folgen anzusehen wären. Wäre das letztere, so würde ohnerachtet aller Vorzüge, die von diesem Urwesen aus der Zulänglichkeit, Einheit und Unabhängigkeit seines Daseins als eines großen Grundes in die Augen leuchten, doch seine Natur derjenigen weit nachstehen, die man sich denken muß, wenn man einen Gott denkt. Denn selber ohne Erkenntnis und Entschließung würde es ein blindlings notwendiger Grund anderer Dinge, und so gar anderer Geister sein, und sich von dem ewigen Schicksale einiger Alten im nichts unterscheiden, als daß es begreiflicher beschrieben wäre. Dies ist die Ursach, weswegen in jeglicher Lehrverfassung auf diesen Umstand besonders gesehen werden muß, und warum wir ihn nicht haben aus den Augen setzen können.

Ich habe, in dem ganzen Zusammenhange aller bis her vorgetragener zu meinem Beweise gehöriger Gründe, nirgend des Ausdrucks von Vollkommenheit gedacht. Nicht als wenn ich davor hielte, alle Realität sei schon so viel wie alle Vollkommenheit, oder auch die größte Zusammenstimmung zu Einem mache sie aus. Ich habe wichtige Ursachen, von diesem Urteile vieler andern sehr abzugehen. Nachdem ich lange Zeit über den Begriff der Vollkommenheit insgemein oder insbesondere sorgfältige Untersuchungen angestellt habe, so bin ich belehrt worden, daß in einer genauem Kenntnis derselben überaus viel verborgen liege, was die Natur eines Geistes, unser eigen Gefühl, und selbst die ersten Begriffe der praktischen Weltweisheit aufklären kann.

Ich bin inne geworden, daß der Ausdruck der Vollkommenheit zwar in einigen Fällen, nach der Unsicherheit jeder Sprache Ausartungen von dem eigentümlichen Sinne leide, die ziemlich weit abweichen, daß er aber in der Bedeutung, darauf hauptsächlich jedermann selbst bei jenen Abirrungen acht hat, allemal eine Beziehung auf ein Wesen, welches Erkenntnis und Begierde hat, voraussetze. Da es nun viel zu weitläuftig geworden sein würde, den Beweisgrund von Gott, und der ihm beiwohnenden Realität bis zu dieser Beziehung hindurch zu führen, ob es zwar vermöge dessen, was zum Grunde liegt, gar wohl tunlich gewesen wäre, so habe ich es der Absicht dieser Blätter nicht gemäß befunden, durch die Herbeiziehung dieses Begriffs, Anlaß zu einer allzugroßen Weitläuftigkeit zu geben.

4. Beschluß

Ein jeder wird sehr leicht nach dem wie gedacht geführten Beweise so offenbare Folgerungen hinzufügen können, als da sind: Ich, der ich denke, bin kein so schlechterdings notwendiges Wesen, denn ich bin nicht der Grund aller Realität, ich bin veränderlich: Kein ander Wesen dessen Nichtsein möglich ist, das ist, dessen Aufhebung nicht zugleich alle Möglichkeit aufhebt, kein veränderliches Ding oder in welchem Schranken sind, mithin auch nicht die Welt ist von einer solchen Natur: Die Welt ist nicht ein Akzidens der Gottheit, weil in ihr Widerstreit, Mängel, Veränderlichkeit, alles Gegenteile der Bestimmungen einer Gottheit angetroffen werden: Gott ist nicht die einige Substanz, die da existiert, und alle andre sind nur abhängend von ihm da u.s.w.

Ich bemerke hier nur noch folgendes. Der Beweisgrund von dem Dasein Gottes, den wir geben, ist lediglich darauf erbauet, weil etwas möglich ist. Demnach ist er ein Beweis, der vollkommen a priori geführt werden kann. Es wird weder meine Existenz noch die von andern Geistern, noch die von der körperlichen Welt vorausgesetzt. Er ist in der Tat von dem innern Kennzeichen der absoluten Notwendigkeit hergenommen. Man erkennet auf diese Weise das Dasein dieses Wesens aus demjenigen, was wirklich die absolute Notwendigkeit desselben ausmacht, also recht genetisch.

Alle Beweise, die sonsten von den Wirkungen dieses Wesens auf sein, als einer Ursach Dasein geführt werden möchten, gesetzt daß sie auch so strenge beweisen möchten, als sie es nicht tun, können doch niemals die Natur dieser Notwendigkeit begreiflich machen. Bloß daraus, daß etwas schlechterdings notwendig existiert, ist es möglich, daß etwas eine erste Ursach von andern sei, aber daraus, daß etwas eine erste, das ist, unabhängige Ursach ist, folgt nur, daß, wenn die Wirkungen da sind, sie auch existieren müsse, nicht aber, daß sie schlechterdings notwendiger Weise da sei.

Weil nun ferner aus dem angepriesnen Beweisgrunde erhellet, daß alle Wesen anderer Dinge und das Reale aller Möglichkeit in diesem einigen Wesen gegründet sei, in welchem die größte Grade des Verstandes und eines Willens, der der größest mögliche Grund ist, anzutreffen, und weil in einem solchen alles in der äußerst möglichen Übereinstimmung sein muß, so wird daraus schon zum voraus abzunehmen sein, daß, da ein Wille jederzeit die innere Möglichkeit der Sache selbst voraussetzt, der Grund der Möglichkeit, das ist, das Wesen Gottes mit seinen Willen in der größesten Zusammenstimmung sein werde, nicht als wenn Gott durch seinen Willen der Grund der inneren Möglichkeit wäre, sondern weil eben dieselbe unendliche Natur, die die Beziehung eines Grundes auf alle Wesen der Dinge hat, zugleich die Beziehung der höchsten Begierde auf die dadurch gegebene größeste Folgen hat, und die letztere nur durch die Voraussetzung der erstern fruchtbar sein kann. Demnach werden die

Möglichkeiten der Dinge selbst, die durch die göttliche Natur gegeben sind, mit seiner großen Begierde zusammenstimmen. In dieser Zusammenstimmung aber besteht das Gute und die Vollkommenheit. Und weil sie mit einem übereinstimmen, so wird selbst in den Möglichkeiten der Dinge Einheit, Harmonie und Ordnung anzutreffen sein.

Wenn wir aber auch durch eine reife Beurteilung der wesentlichen Eigenschaften der Dinge, die uns durch Erfahrung bekannt werden, selbst in den notwendigen Bestimmungen ihrer innern Möglichkeit eine Einheit im Mannigfaltigen, und Wohlgereimtheit in dem Getrennten wahrzunehmen, so werden wir durch den Erkenntnisweg a posteriori auf ein einiges Principium aller Möglichkeit zurückschließen können, und uns zuletzt bei demselben Grundbegriffe des schlechterdings notwendigen Daseins befinden, von dem wir durch den Weg a priori anfänglich ausgegangen waren. Nunmehro soll unsere Absicht darauf gerichtet sein, zu sehen, ob, selbst in der innern Möglichkeit der Dinge, eine notwendige Beziehung auf Ordnung und Harmonie, und in diesem unermeßlichen Mannigfaltigen Einheit anzutreffen sei, damit wir daraus urteilen können, ob die Wesen der Dinge selbst einen obersten gemeinschaftlichen Grund erkennen.

Zweite Abteilung. Von dem weitläuftigen Nutzen der dieser Beweisart besonders eigen ist

Erste Betrachtung. Worin aus der wahrgenommenen Einheit in den Wesen der Dinge auf das Dasein Gottes a posteriori geschlossen wird
1. Die Einheit in dem mannigfaltigen der Wesen der Dinge, gewiesen an den Eigenschaften des Raums

Die notwendige Bestimmungen des Raums verschaffen dem Meßkünstler ein nicht gemeines Vergnügen, durch die Augenscheinlichkeit in der Überzeugung und durch die Genauigkeit in der Ausführung, imgleichen durch den weiten Umfang der Anwendung, wogegen das gesamte menschliche Erkenntnis nichts aufzuzeigen hat, das ihm beikäme, viel weniger es überträfe. Ich betrachte aber anjetzt den nämlichen Gegenstand in einem ganz andern Gesichtspunkte. Ich sehe ihn mit einem philosophischen Auge an, und werde gewahr: daß bei so notwendigen Bestimmungen Ordnung und Harmonie, und, in einem ungeheuren Mannigfaltigen, Zusammenpassung und Einheit herrsche. Ich will z. E., daß ein Raum durch die Bewegung einer geraden Linie um einen festen Punkt umgrenzt werde. Ich begreife gar leicht, daß ich dadurch einen Kreis habe, der in allen seinen Punkten von dem gedachten festen Punkt gleiche Entfernungen hat. Allein ich finde gar keine Veranlassung unter einer so einfältigen Konstruktion, sehr viel Mannigfaltiges zu vermuten, das eben dadurch großen Regeln der Ordnung unterworfen sei. Indessen entdecke ich, daß alle gerade Linien, die einander aus einem beliebigen Punkt innerhalb dem Zirkel durchkreuzen, indem sie an den Umkreis stoßen, jederzeit in geometrischer Proportion geschnitten sein; imgleichen, daß alle diejenige, die von einem Punkt außerhalb dem Kreise diesen durchschneiden, jederzeit in solche Stücke zerlegt werden, die sich umgekehrt verhalten wie ihre Ganzen. Wenn man bedenkt, wie unendlich viel verschiedene Lagen diese Linien annehmen können, indem sie den Zirkel, wie gedacht, durchschneiden, und wahrnimmt, wie sie gleichwohl beständig unter dem nämlichen Gesetze stehen, von dem sie nicht abweichen können, so ist es unerachtet dessen, daß die Wahrheit davon leicht begriffen wird, dennoch etwas Unerwartetes, daß so wenig Anstalt in der Beschreibung dieser Figur, und gleichwohl so viel Ordnung, und in dem Mannigfaltigen eine so vollkommne Einheit daraus erfolget.

Wenn aufgegeben wäre: daß schiefe Flächen in verschiedenen Neigungen gegen den Horizont, doch von solcher Länge angeordnet würden, damit frei herabrollende

Körper darauf gerade in gleicher Zeit herab kämen, so wird ein jeder, der die mechanische Gesetze versteht, einsehen, daß hiezu mancherlei Veranstaltung gehöre. Nun findet sich aber diese Einrichtung im Zirkel von selber mit unendlich viel Abwechselung der Stellungen, und doch in jedem Falle mit der größesten Richtigkeit. Denn alle Sehnen, die an den Vertikaldurchmesser stoßen, sie mögen von dessen obersten oder untersten Punkte ausgehen, nach welchen Neigungen man auch will, haben insgesamt das gemein: daß der freie Fall durch dieselbe in gleichen Zeiten geschieht. Ich erinnere mich, daß ein verständiger Lehrling, als ihm dieser Satz mit seinem Beweise von mir vorgetragen wurde, nachdem er alles wohl verstand, dadurch nicht weniger, wie durch ein Naturwunder gerührt wurde. Und in der Tat wird man, durch eine so sonderbare Vereinigung vom Mannigfaltigen nach so fruchtbaren Regeln in einer so schlecht und einfältig scheinenden Sache, als ein Zirkelkreis ist, überrascht, und mit Recht in Bewunderung gesetzt. Es ist auch kein Wunder der Natur, welches durch die Schönheit oder Ordnung, die darin herrscht, mehr Ursache zum Erstaunen gäbe, es müßte denn sein, daß es deswegen geschähe, weil die Ursache derselben da nicht so deutlich einzusehen ist, und die Bewunderung eine Tochter der Unwissenheit ist.

Das Feld, darauf ich Denkwürdigkeiten sammle, ist davon so voll, daß, ohne einen Fuß weiter setzen zu dürfen, sich auf derselben Stelle, da wir uns befinden, noch unzählige Schönheiten darbieten. Es gibt Auflösungen der Geometrie, wo dasjenige, was nur durch weitläuftige Veranstaltung scheinet möglich zu sein, sich gleichsam ohne alle Kunst in der Sache selbst darlegt. Diese werden von jedermann als artig empfunden, und dieses um desto mehr, je weniger man selbst dabei zu tun hat, und je verwickelter gleichwohl die Auflösung zu sein scheint. Der Zirkelring zwischen zwei Kreisen, die einen gemeinschaftlichen Mittelpunkt haben, hat eine von einer Zirkelfläche sehr verschiedene Gestalt, und es kommt jedermann anfänglich als mühsam und künstlich vor, ihn in diese Figur zu verwandeln. Allein so bald ich einsehe: daß die den inwendigen Zirkel berührende Linie, so weit gezogen, bis sie zu beiden Seiten dem Umkreis des größern schneidet, der Durchmesser dieses Zirkels sei, dessen Fläche dem Inhalt des Zirkelringes gerade gleich ist, so kann ich nicht umhin, einige Befremdung über die einfältige Art zu äußern, wie das Gesuchte in der Natur der Sache selbst sich so leicht offenbaret, und meiner Bemühung hiebei fast nichts beizumessen ist.

Wir haben, um, in den notwendigen Eigenschaften des Raums, Einheit bei der größesten Mannigfaltigkeit und Zusammenhang in dem, was eine von dem andern ganz abgesonderte Notwendigkeit zu haben scheint, zu bemerken, nur bloß unsere Augen auf die Zirkelfigur gerichtet, welche deren noch unendliche hat, davon ein kleiner Teil bekannt ist. Hieraus läßt sich abnehmen, welche Unermeßlichkeit solcher harmonischen Beziehungen sonst in den Eigenschaften des Raums liege, deren viele die höhere Geometrie in den Verwandtschaften der verschiedenen Geschlechter der krummen Linien darlegt, und alle, außer der Übung des Verstandes durch die denkliche Einsicht derselben, das Gefühl auf eine ähnliche oder erhabnere Art wie die zufällige Schönheiten der Natur rühren.

Wenn man bei dergleichen Anordnungen der Natur berechtigt ist, nach einem Grunde einer so weit erstreckten Übereinstimmung des Mannigfaltigen zu fragen, soll man es denn weniger sein bei Wahrnehmung des Ebenmaßes, und der Einheit in den unendlich vielfältigen Bestimmungen des Raums? Ist diese Harmonie darum weniger befremdlich weil sie notwendig ist? Ich halte davor, sie sei es darum nur desto mehr. Und weil dasjenige Viele, davon jedes seine besondere und unabhängige Notwendigkeit hätte, nimmermehr Ordnung, Wohlgereimtheit und Einheit in den gegenseitigen Beziehungen haben könnte, wird man dadurch nicht eben so wohl, wie durch die Harmonie in den zufälligen Anstalten der Natur, auf die Vermutung eines obersten Grundes selbst derer Wesen der Dinge geführt, da die Einheit des Grundes auch Einheit in dem Umfange aller Folgen veranlasset?

2. Die Einheit im mannigfaltigen der Wesen der Dinge, gewiesen an demjenigen, was in den Bewegungsgesetzen notwendig ist

Wenn man in der Natur eine Anordnung entdeckt, die um eines besondern Zwecks willen scheinet getroffen zu sein, indem sie sich nicht bloß nach den allgemeinen Eigenschaften der Materie würde dargeboten haben, so sehen wir diese Anstalt als zufällig, und als die Folge einer Wahl an. Zeigen sich nun neue Übereinstimmung, Ordnung und Nutzen und besonders dazu abgerichtete Mittelursachen, so beurteilen wir dieselbe auf die ähnliche Art; dieser Zusammenhang ist der Natur der Sachen ganz fremd, und bloß weil es jemand beliebt hat, sie so zu verknüpfen, stehen sie in dieser Harmonie. Man kann keine allgemeine Ursache angeben, weswegen die Klauen der Katze, des Löwen u.a.m. so gebauet sein, daß sie Sporen, das ist, sich zurücklegen können, als weil irgend ein Urheber sie zu dem Zwecke, um vor das Abschleifen gesichert zu sein, so angeordnet hat, indem diese Tiere geschickte Werkzeuge haben müssen, ihren Raub zu ergreifen und zu halten. Allein wenn gewisse allgemeinere Beschaffenheiten, die der Materie beiwohnen, außer einem Vorteile den sie schaffen, und um dessen willen man sich vorstellen kann, daß sie so geordnet worden, ohne die mindeste neue Vorkehrung, gleichwohl eine besondere Tauglichkeit zu noch mehr Übereinstimmung zeigen, wenn ein einfältiges Gesetz, das jedermann um eines gewissen Guten willen allein schon nötig finden würde, gleichwohl eine ausgebreitete Fruchtbarkeit an noch viel mehrerem zeigt, wenn die übrigen Nutzen und

Wohlgereimtheiten daraus ohne Kunst, sondern vielmehr notwendiger weise fließen, wenn endlich dieses sich durch die ganze materiale Natur so befindet, so liegen offenbar selbst in den Wesen der Dinge durchgängige Beziehungen zur Einheit und zum Zusammenhange, und eine allgemeine Harmonie breitet sich über das Reich der Möglichkeit selber aus. Dieses veranlasset eine Bewunderung über so viel Schicklichkeit und natürliche Zusammenpassung, die, indem sie die peinliche und erzwungene Kunst entbehrlich macht, gleichwohl selber nimmermehr dem Ohngefähr beigemessen werden kann, sondern eine in den Möglichkeiten selbst liegende Einheit und die gemeinschaftliche Abhängigkeit selbst der Wesen aller Dinge von einem einigen großen Grunde anzeigt. Ich werde diese sehr große Merkwürdigkeit durch einige leichte Beispiele deutlich zu machen suchen, indem ich die Methode sorgfältig befolge, aus dem, was durch Beobachtung unmittelbar gewiß ist, zu dem allgemeinern Urteile langsam hinauf zu steigen.

Man kann einen Nutzen unter tausend wählen, weswegen man es als nötig ansehen kann, daß ein Luftkreis sei, wenn man durchaus einen Zweck zum Grunde zu haben verlangt, wodurch eine Anstalt in der Natur zuerst veranlaßt worden. Ich räume also dieses ein, und nenne etwa das Atmen der Menschen und Tiere als die Endabsicht dieser Veranstaltung. Nun gibt diese Luft, durch die nämliche Eigenschaften und keine mehr, die sie zum Atemholen allein bedürfte, zugleich Anlaß zu einer Unendlichkeit von schönen Folgen, die damit notwendiger Weise begleitet sind, und nicht dürfen durch besondere Anlagen befördert werden. Ebendieselbe elastische Kraft und Gewichte der Luft macht das Saugen möglich, ohne welches junge Tiere der Nahrung entbehren müßten, und die Möglichkeit der Pumpwerke ist davon eine notwendige Folge. Durch sie geschieht es, daß Feuchtigkeit in Dünsten hinaufgezogen wird, welche sich oben in Wolken verdicken, die den Tag verschönern, öfters die übermäßige Hitze der Sonne mildern, vornehmlich aber dazu dienen, die trockene Gegenden der Erdfläche durch den Raub von den Wasserbetten der niedrigen milde zu befeuchten. Die Dämmerung, die den Tag verlängert und dem Auge, durch allmähliche Zwischengrade den Überschritt von der Nacht zum Tage diesen Wechsel unschädlich macht, und vornehmlich die Winde sind ganz natürliche und ungezwungene Folgen derselben.

Stellet euch vor, ein Mensch mache sich einen Entwurf, wie die Küsten der Länder des heißen Weltstrichs, die sonsten heißer sein müßten als die tiefer im Lande liegende Gegenden, eine etwas erträglichere Wärme sollten genießen können, so wird er am natürlichsten auf einen Seewind verfallen, der zu dieser Absicht in den heißesten Tagesstunden wehen müßte. Weil aber, da es zur Nachtzeit über der See viel geschwinder kalt wird als über dem Lande, nicht zuträglich sein dürfte, daß derselbe Wind immer wehete, so würde er wünschen, daß es der Vorsehung gefallen hätte, es so zu veranstalten, damit, in den mittlern Stunden der Nacht, der Wind vom Lande wieder zurück kehrete, welches auch viel andern Nutzen mit befördern könnte. Nun würde nur die Frage sein, durch welche Mechanik und künstliche Anordnung dieser Windeswechsel zu erhalten wäre, und hiebei würde man noch große Ursach haben zu besorgen: daß, da der Mensch nicht verlangen kann, daß alle Naturgesetze sich zu seiner Bequemlichkeit anschicken sollen, dieses Mittel zwar möglich, aber mit dem übrigen nötigen Anstalten so übel zusammenpassend sein dürfte, daß die oberste Weisheit es darum nicht zu verordnen gut fände. Alles dieses Bedenken ist indessen unnötig. Was eine nach überlegter Wahl getroffene Anordnung tun würde, verrichtet hier die Luft nach den allgemeinen Bewegungsgesetzen, und eben dasselbe einfache Principium ihrer anderweitigen Nutzbarkeit bringet auch diese ohne neue und besondere Anstalten hervor. Die von der Tageshitze verdünnte Luft über dem brennenden Boden eines solchen Landes weicht notwendiger Weise der dichteren und schwereren über dem kühlen Meere, und verursacht den Seewind, der um deswillen von den heißesten Tagesstunden an bis spät in den Abend weht, und die Seeluft, die aus den nämlichen Ursachen am Tage so stark nicht erhitzt worden war, als die über dem Lande, verkühlet des Nachts geschwinder, ziehet sich zusammen, und veranlaßt den Rückzug der Landluft zur Nachtzeit. Jedermann weiß: daß alle Küsten des heißen Weltteils diesen Wechselwind genießen.

Ich habe, um die Beziehungen, welche einfache und sehr allgemeine Bewegungsgesetze durch die Notwendigkeit ihres Wesens auf Ordnung und Wohlgereimtheit haben, zu zeigen, nur meinen Blick auf einen kleinen Teil der Natur, nämlich auf die Wirkungen der Luft geworfen. Man wird leicht gewahr werden, daß die ganze unermeßliche Strecke der großen Naturordnung in eben demselben Betracht vor mir offen liege. Ich behalte mir vor, noch etwas in dem Folgenden zu Erweiterung dieser schönen Aussicht beizufügen. Anjetzt würde ich etwas Wesentliches aus der Acht lassen, wenn ich nicht der wichtigen Entdeckung des Herrn v. Maupertuis gedächte, die er in Ansehung der Wohlgereimtheit der notwendigen und allgemeinsten Bewegungsgesetze gemacht hat.

Das, was wir zum Beweise angeführt haben, betrifft zwar weit ausgebreitete und notwendige Gesetze, allein nur von einer besondern Art der Materien der Welt. Der Herr v. Maupertuis bewies dagegen: daß selbst die allgemeinsten Gesetze, wornach die Materie überhaupt wirkt, so wohl im Gleichgewichte als beim Stoße, so wohl der elastischen als unelastischen Körper, bei dem Anziehen des Lichts in der Brechung eben so gut, als beim Zurückstoßen desselben in der Abprallung, einer herrschenden Regel unterworfen sein, nach welcher die größte Sparsamkeit in der Handlung jederzeit beobachtet ist. Durch diese Entdeckung sind die Wirkungen der Materie, ungeachtet der großen Verschiedenheiten die sie an sich haben mögen, unter eine allgemeine Formel gebracht, die eine Beziehung auf Anständigkeit, Schönheit und Wohlgereimtheit ausdrückt. Gleichwohl sind die Gesetze der Bewegung selber so bewandt, daß sich nimmermehr eine Materie ohne sie denken läßt, und sie sind so notwendig, daß sie auch ohne die mindeste Versuche aus der allgemeinen und wesentlichen Beschaffenheit aller Materie mit größester Deutlichkeit können hergeleitet werden. Der gedachte scharfsinnige Gelehrte empfand alsbald, daß, indem dadurch in dem unendlichen Mannigfaltigen des Universum Einheit, und in dem blindlings Notwendigen Ordnung verursacht wird, irgend ein oberstes Principium sein müsse, wovon alles dieses seine Harmonie und Anständigkeit her haben kann. Er glaubte mit Recht, daß ein so allgemeiner Zusammenhang, in den einfachsten Naturen der Dinge, einen weit tauglichem Grund an die Hand gebe, irgend in einem vollkommenen Urwesen die letzte Ursach von allem in der Welt mit Gewißheit anzutreffen, als alle Wahrnehmung verschiedener zufälligen und veränderlichen Anordnung nach besondern Gesetzen. Nunmehro kam es darauf an, welchen Gebrauch die höhere Weltweisheit von dieser wichtigen neuen Einsicht würde machen können, und ich glaube in der Mutmaßung nicht zu fehlen, wenn ich davor halte, daß die königliche Akademie der Wissenschaften in Berlin dieses zur Absicht der Preisfrage gehabt habe: ob die Bewegungsgesetze notwendig oder zufällig sein, und welche niemand der Erwartung gemäß beantwortet hat.

Wenn die Zufälligkeit im Realverstande genommen wird, daß sie in der Abhängigkeit des Materialen der Möglichkeit von einem andern besteht, so ist augenscheinlich, daß die Bewegungsgesetze und die allgemeine Eigenschaften der Materie, die ihnen gehorchen, irgend von einem großen gemeinschaftlichen Urwesen dem Grunde der Ordnung und Wohlgereimtheit abhängen müssen. Denn wer wollte davor halten: daß in einem weitläuftigen Mannigfaltigen, worin jedes einzelne seine eigene völlig unabhängige Natur hätte, gleichwohl durch ein befremdlich Ohngefähr sich alles sollte gerade so schicken, daß es wohl mit einander reimete und im Ganzen Einheit sich hervorfände. Allein, daß dieses gemeinschaftliche Principium nicht bloß auf das Dasein dieser Materie und der ihr erteilten Eigenschaften gehen müsse, sondern selbst auf die Möglichkeit einer Materie überhaupt und auf das Wesen selbst, leuchtet dadurch deutlich in die Augen, weil das, was einen Raum erfüllen soll, was der Bewegung des Stoßes und Druckes soll fähig sein, gar nicht unter andere Bedingungen kann gedacht werden, als diejenige sind, woraus die genannten Gesetze notwendiger Weise herfließen. Auf diesen Fuß siehet man ein: daß diese Bewegungsgesetze *der Materie* schlechterdings notwendig sein, das ist, Wenn die Möglichkeit der Materie voraus gesetzt wird, es ihr widerspreche, nach andern Gesetzen zu wirken, welches eine logische Notwendigkeit von der obersten Art ist; daß gleichwohl die innere Möglichkeit der Materie selbst, nämlich die Data und das Reale, was diesem Denklichen zum Grunde liegt, nicht unabhängig oder vor sich selbst gegeben sei, sondern durch irgend ein Principium, in welchem das Mannigfaltige Einheit, und das Verschiedene Verknüpfung bekommt, gesetzt sei, welches die Zufälligkeit der Bewegungsgesetze im Realverstande beweiset.

Zweite Betrachtung.
Unterscheidung der Abhängigkeit aller Dinge von Gott in die moralische und unmoralische

Ich nenne diejenige Abhängigkeit eines Dinges von Gott, da er ein Grund desselben durch seinen Willen ist, *moralisch*, alle übrige aber ist *unmoralisch*. Wenn ich demnach behaupte: Gott enthalte den letzten Grund selbst der innern Möglichkeit der Dinge, so wird ein jeder leicht verstehen, daß diese Abhängigkeit nur unmoralisch sein kann; denn der Wille macht nichts möglich, sondern beschließt nur, was als möglich schon voraus gesetzt ist. In so ferne Gott den Grund von dem Dasein der Dinge enthält, so gestehe ich, daß diese Abhängigkeit jederzeit moralisch sei, das ist, daß sie darum existieren, weil er gewollt hat daß sie sein sollten.

Es bietet nämlich die innere Möglichkeit der Dinge demjenigen, der ihr Dasein beschloß, Materialien dar, die eine ungemeine Tauglichkeit zur Übereinstimmung, und eine in ihrem Wesen liegende Zusammenpassung zu einem auf vielfältige Art ordentlichen und schönen Ganzen enthalten. Daß ein Luftkreis existiert, kann, um der daraus zu erreichenden Zwecke willen, Gott als einem moralischen Grunde beigemessen werden. Allein, daß eine so große Fruchtbarkeit in dem Wesen eines einzigen so einfachen Grundes liegt, so viel schon in seiner Möglichkeit liegende Schicklichkeit und Harmonie, welche nicht neuer Vorkehrungen bedarf, um mit andern möglichen Dingen einer Welt mannigfaltigen Regeln der Ordnung gemäß sich zusammen zu schicken, das kann gewiß nicht wiederum einer freien Wahl beigemessen werden; weil aller Entschluß eines Willens die Erkenntnis der Möglichkeit des zu Beschließenden voraus setzt.

Alles dasjenige, dessen Grund in einer freien Wahl gesucht werden soll, muß in so fern auch zufällig sein. Nun ist die Vereinigung vieler und mannigfaltigen Folgen unter einander, die notwendig aus einem einzigen Grunde fließen, nicht eine zufällige Vereinigung; mithin kann diese nicht einer freiwilligen Bestimmung zugeschrieben werden. So haben wir oben gesehn, daß die Möglichkeit der Pumpwerke, des Atmens, die Erhebung der flüssigen Materien wenn welche da sind in Dünste, die Winde etc. von einander unzertrennlich sein, weil sie alle aus einem einzigen Grunde, nämlich der Elastizität und Schwere der Luft abhangen, und diese Übereinstimmung des Mannigfaltigen in Einem ist daher keinesweges zufällig, und also nicht einem moralischen Grunde beizumessen.

Ich gehe hier nur immer auf die Beziehung, die das Wesen der Luft, oder eines jeden andern Dinges zu der *möglichen* Hervorbringung so vieler schönen Folgen hat, das ist, ich betrachte nur die *Tauglichkeit* ihrer Natur zu so viel Zwecken, und da ist die Einheit, wegen der Übereinstimmung eines einigen Grundes zu so viel möglichen Folgen, gewiß notwendig, und diese mögliche Folgen sind in so ferne von einander und von dem Dinge selbst unzertrennlich. Was die wirkliche Hervorbringung dieser Nutzen anlangt, so ist sie in so ferne zufällig, als eins von den Dingen, darauf sich das Ding bezieht, fehlen, oder eine fremde Kraft die Wirkung hindern kann.

In den Eigenschaften des Raums liegen schöne Verhältnisse, und in dem unermeßlich Mannigfaltigen seiner Bestimmungen eine bewundernswürdige Einheit. Das Dasein aller dieser Wohlgereimtheit, in so ferne Materie den Raum erfüllen sollte, ist mit allen ihren Folgen der Willkür der ersten Ursache beizumessen; allein was die Vereinbarung so vieler Folgen, die alle mit den Dingen in der Welt in so großer Harmonie stehen, unter einander anlangt, so würde es ungereimt Sein: sie wiederum in einem Willen zu suchen. Unter andern notwendigen Folgen aus der Natur der Luft ist auch diejenige zu zählen, da durch sie denen darin bewegten Materien Widerstand geleistet wird. Die Regentropfen, indem sie von ungemeiner Höhe herabfallen, werden durch sie aufgehalten, und kommen mit mäßiger Schnelligkeit herab, da sie ohne diese Verzögerung eine sehr verderbliche Gewalt im Herabstürzen von solcher Höhe würden erworben haben. Dieses ist ein Vorteil, der, weil ohne ihn die Luft nicht möglich ist, nicht durch einen besondern Ratschluß mit den übrigen Eigenschaften derselben verbunden worden. Der Zusammenhang der Teile der Materie mag nun z. E. bei dem Wasser eine notwendige Folge von der Möglichkeit der Materie überhaupt, oder eine besonders veranstaltete Anordnung sein, so ist die unmittelbare Wirkung davon die runde Figur kleiner Teile derselben, als der Regentropfen. Dadurch aber wird der schöne farbichte Bogen nach sehr allgemeinen Bewegungsgesetzen möglich, der mit einer rührenden Pracht und Regelmäßigkeit über dem Gesichtskreise steht, wenn die unverdeckte Sonne in die gegen über herabfallende Regentropfen strahlet. Daß flüssige Materien und schwere Körper da sind, kann nur dem Begehren dieses mächtigen Urhebers beigemessen werden, daß aber ein Weltkörper in seinem flüssigen Zustande ganz notwendiger Weise so allgemeinen Gesetzen zu Folge eine Kugelgestalt anzunehmen bestrebt ist, welche nachher besser, wie irgend eine andere mögliche mit den übrigen Zwecken des Universum zusammenstimmt, indem z. E. eine solche Oberfläche der gleichförmigsten Verteilung des Lichts fähig ist, das liegt in dem Wesen der Sache selbst.

Der Zusammenhang der Materie, und der Wider stand, den die Teile mit ihrer Trennbarkeit verbinden, machet die Reibung notwendig, welche von so großem Nutzen ist, und so wohl mit der Ordnung in allen mannigfaltigen Naturveränderungen zusammenstimmt, als irgend etwas, was nicht aus so allgemeinen Gründen geflossen wäre, sondern durch eine besondere Anstalt wäre hinzu gekommen. Wenn Reibung die Bewegungen nicht verzögerte, so würde die Aufbehaltung der einmal hervorgebrachten Kräfte, durch die Mitteilung an andere, die Zurückschlagung und immer fortgesetzte Anstöße und Erschütterungen, alles zuletzt in Verwirrung bringen. Die Flächen, worauf Körper liegen, müßten jederzeit vollkommen waagerecht sein (welches sie nur selten sein können), sonsten würden diese jederzeit glitschen. Alle gedrehte Stricke halten nur durch Reibung. Denn die Fäden, welche nicht die ganze Länge des Stricks haben, würden mit der mindesten Kraft auseinander gezogen werden, wenn nicht die der Kraft, womit sie durch das Winden an einander gepreßt sein, gemäße Reibung sie zurück hielte.

Ich führe hier darum so wenig geachtete und gemeine Folgen aus den einfältigsten und allgemeinsten Naturgesetzen an, damit man daraus so wohl die große und unendlich weit ausgebreitete Zusammenstimmung, die die Wesen der Dinge überhaupt untereinander haben, und die große Folgen, die derselben beizumessen sind, auch in den Fällen abnehmen, wo man nicht geschickt genug ist, manche Naturordnung bis auf solche einfältige und allgemeine Gründe zurück zu führen, als auch damit man das Widersinnige empfinde, was darin liegt, wenn man bei dergleichen Übereinstimmungen die Weisheit Gottes als den besondern Grund derselben nennet. Daß Dinge da sind, die so viel schöne Beziehung haben, ist der weisen Wahl desjenigen, der sie um dieser Harmonie willen hervorbrachte, beizumessen, daß aber ein jedes derselben eine so ausgebreitete Schicklichkeit zu vielfältiger Übereinstimmung durch einfache Gründe enthielte, und dadurch eine bewundernswürdige Einheit im Ganzen konnte erhalten werden, liegt selbst in der Möglichkeit der Dinge, und da hie das Zufällige, was bei jeder Wahl voraus gesetzt werden muß, verschwindet, so kann der Grund dieser Einheit zwar in einem weisen Wesen, aber nicht vermittelst seiner Weisheit gesucht werden.

Dritte Betrachtung.
Von der Abhängigkeit der Dinge der Welt von Gott vermittelst der Ordnung der Natur, oder ohne dieselbe
1. Einteilung der Weltbegebenheiten, in so ferne sie unter der Ordnung der Natur stehen oder nicht

Es stehet etwas unter der Ordnung der Natur, in so fern sein Dasein oder seine Veränderung in den Kräften der Natur zureichend gegründet ist. Hiezu wird erfodert, erstlich: daß die Kraft der Natur davon die wirkende Ursach sei; zweitens, daß die Art, wie sie auf die Hervorbringung dieser Wirkung gerichtet ist, selbst in einer Regel der natürlichen Wirkungsgesetze hinreichend gegründet sei. Dergleichen Begebenheiten heißen auch schlechthin *natürliche* Weltbegebenheiten. Dagegen wo dieses nicht ist, so ist der Fall, der unter solchem Grunde nicht steht, etwas Übernatürliches, und dieses findet statt, entweder in so ferne die nächste wirkende Ursach außer der Natur ist, das ist, in so ferne die göttliche Kraft sie unmittelbar hervorbringt, oder zweitens, wenn auch nur die Art, wie die Kräfte der Natur auf diesen Fall gerichtet worden, nicht unter einer Regel der Natur enthalten ist. Im erstern Fall nenne ich die Begebenheit *materialiter*, im andern *formaliter übernatürlich*. Da bloß der letztere Fall einige Erläuterung zu bedürfen scheint, indem das übrige vor sich klar ist, so will ich davon Beispiele anführen. Es sind viel Kräfte in der Natur, die das Vermögen haben, einzelne Menschen, oder Staaten, oder das ganze menschliche Geschlecht zu verderben. Erdbeben, Sturmwinde, Meersbewegungen, Kometen etc. Es ist auch nach einem allgemeinen Gesetze genugsam in der Verfassung der Natur gegründet, daß einiges von diesen bisweilen geschieht. Allein unter den Gesetzen, wornach es geschieht, sind die Laster und das moralische Verderben der Menschengeschlechter gar keine *natürliche* Gründe, die damit in Verbindung stünden. Die Missetaten einer Stadt haben keinen Einfluß auf das verborgene Feuer der Erde, und die Üppigkeiten der ersten Welt gehörten nicht zu denen wirkenden Ursachen, welche die Kometen in ihren Bahnen zu sich herab ziehen konnten. Und wenn sich ein solcher Fall ereignet, man mißt ihn aber einem natürlichen Gesetze bei, so will man damit sagen, daß es ein Unglück, nicht aber, daß eine Strafe sei, indem das moralische Verhalten der Menschen kein Grund der Erdbeben nach einem natürlichen Gesetze sein kann, weil hier keine Verknüpfung von Ursachen und Wirkungen statt findet. Z. E. Wenn das Erdbeben die Stadt Port Royal in Jamaika umkehret,[2] so wird derjenige, der dieses eine natürliche Begebenheit nennet, darunter verstehen: daß, ob zwar die Lastertaten der Einwohner, nach dem Zeugnis ihres Predigers, eine solche Verwüstung wohl als ein Strafgerichte verdienet hätten, dennoch dieser Fall als einer von vielen anzusehen sei, der sich bisweilen nach einem allgemeinern Gesetze der Natur zuträgt, da Gegenden der Erde, und unter diesen bisweilen Städte, und unter diesen dann und wann auch sehr lasterhafte Städte erschüttert werden. Soll es dagegen als eine Strafe betrachtet werden, so müssen diese Kräfte der Natur, da sie nach einem natürlichen Gesetze den Zusammenhang mit der Führung der Menschen nicht haben können, auf jeden solchen einzelnen Fall, durch das höchste Wesen besonders gerichtet sein; alsdenn aber ist die Begebenheit im formalen Verstande übernatürlich, obgleich die Mittelursache eine Kraft der Natur war. Und wenn auch durch eine lange Reihe von Vorbereitungen, die dazu besonders in die wirksamen Kräfte der Welt angelegt waren, diese Begebenheit endlich als ein Strafgericht zu Stande kam, wenn man gleich annehmen wollte, daß schon bei der

Schöpfung Gott alle Anstalten dazu gemacht hätte, daß sie nachher durch die darauf in der Natur gerichteten Kräfte zur rechten Zeit geschehen sollte (wie man dieses in Whistons Theorie von der Sündflut, in so fern sie vom Kometen herrühren soll, sich so gedenken kann), so ist das Übernatürliche dadurch gar nicht verringert, sondern nur weit bis in die Schöpfung hinaus verschoben, und dadurch unbeschreiblich vermehrt worden. Denn diese ganze Reihenfolge, in so fern die Art ihrer Anordnung sich auf den Ausgang bezog, indem sie in Ansehung desselben gar nicht als eine Folge aus allgemeinern Naturgesetzen anzusehen war, bezeichnet eine unmittelbare noch größere göttliche Sorgfalt, die auf eine so lange Kette von Folgen gerichtet war, um auch den Hindernissen auszuweichen, die die genaue Erreichung der gesuchten Wirkung konnten verfehlen machen.

Hingegen gibt es Strafen und Belohnungen nach der Ordnung der Natur, darum, weil das moralische Verhalten der Menschen mit ihnen nach den Gesetzen der Ursachen und Wirkungen in Verknüpfung stehet. Wilde Wollust und Unmäßigkeit endigen sich in einem siechen und martervollen Leben. Ränke und Arglist scheitern zuletzt, und Ehrlichkeit ist doch am Ende die beste Politik. In allen diesem geschieht die Verknüpfung der Folgen nach den Gesetzen der Natur. So viel aber auch immer derjenigen Strafen oder Belohnungen oder jeder anderer Begebenheiten in der Welt sein mögen, davon die Richtung der Naturkräfte jederzeit außerordentlich auf jeden einzelnen Fall hat geschehen müssen, wenn gleich eine gewisse Einförmigkeit unter vielen derselben herrschet, so sind sie zwar einem unmittelbaren göttlichen Gesetze, nämlich demjenigen seiner Weisheit, aber keinem Naturgesetze untergeordnet.

2. Einteilung der natürlichen Begebenheiten, in so fern sie unter der notwendigen oder zufälligen Ordnung der Natur stehen

Alle Dinge der Natur sind zufällig in ihrem Dasein. Die Verknüpfung verschiedener Arten von Dingen, z. E. der Luft, der Erde, des Wassers, ist gleichfalls ohne Zweifel zufällig, und in so ferne bloß der Willkür des obersten Urhebers beizumessen. Allein obgleich die Naturgesetze in so ferne keine Notwendigkeit zu haben scheinen, als die Dinge selbst davon sie es sind, imgleichen die Verknüpfungen darinnen sie ausgeübt werden können, zufällig sein, so bleibt gleichwohl eine Art der Notwendigkeit übrig, die sehr merkwürdig ist. Es gibt nämlich viele Naturgesetze, deren Einheit notwendig ist, das ist, wo eben derselbe Grund der Übereinstimmung zu einem Gesetze auch andere Gesetze notwendig macht. Z. E. Eben dieselbe elastische Kraft und Schwere der Luft, die ein Grund ist der Gesetze des Atemholens, ist notwendiger Weise zugleich ein Grund von der Möglichkeit der Pumpwerke, von der Möglichkeit der zu erzeugenden Wolken, der Unterhaltung des Feuers, der Winde etc. Es ist notwendig, daß zu den übrigen der Grund anzutreffen sei, so bald auch nur zu einem einzigen derselben Grund da ist. Dagegen wenn der Grund einer gewissen Art ähnlicher Wirkungen nach einem Gesetze nicht zugleich der Grund einer andern Art Wirkungen nach einem andern Gesetze in demselben Wesen ist, so ist die Vereinbarung dieser Gesetze zufällig, oder es herrscht in diesen Gesetzen zufällige Einheit, und was sich darnach in dem Dinge zuträgt, geschieht nach einer zufälligen Naturordnung. Der Mensch sieht, hört, riecht, schmeckt u.s.w., aber nicht eben dieselbe Eigenschaften, die die Gründe des Sehens sind, sind auch die des Schmeckens. Er muß andere Organen zum Hören wie zum Schmecken haben. Die Vereinbarung so verschiedener Vermögen ist zufällig, und, da sie zur Vollkommenheit abzielt, künstlich. Bei jedem Organe ist wiederum künstliche Einheit. In dem Auge ist der Teil, der Licht einfallen läßt, ein anderer, als der, so es bricht, noch ein anderer, so das Bild auffängt. Dagegen sind es nicht andere Ursachen, die der Erde die Kugelrundung verschaffen, noch andere, die wider den Drehungsschwung die Körper der Erde zurück halten, noch eine andere, die den Mond im Kreise erhält, sondern die einzige Schwere ist eine Ursach, die notwendiger Weise zu allen diesem zureicht. Nun ist es ohne Zweifel eine Vollkommenheit, daß, zu allen diesen Wirkungen, Gründe in der Natur angetroffen werden, und wenn der nämliche Grund, der die eine bestimmt, auch zu den andern hinreichend ist, um desto mehr Einheit wächst dadurch dem Ganzen zu. Diese Einheit aber und mit ihr die Vollkommenheit ist in dem hier angeführten Falle notwendig und klebet dem Wesen der Sache an, und alle Wohlgereimtheit, Fruchtbarkeit und Schönheit, die ihr in so ferne zu verdanken ist, hänget von Gott vermittelst der wesentlichen Ordnung der Natur ab, oder vermittelst desjenigen, was in der Ordnung der Natur notwendig ist. Man wird mich hoffentlich schon verstehen, daß ich diese Notwendigkeit nicht auf das Dasein dieser Dinge selber sondern lediglich auf die in ihrer Möglichkeit liegende Übereinstimmung und Einheit, als einen notwendigen Grund einer so überaus großen Tauglichkeit und Fruchtbarkeit erstreckt wissen will. Die Geschöpfe des Pflanzen- und Tierreichs bieten durchgängig die bewundernswürdigste Beispiele einer zufälligen, aber mit großer Weisheit übereinstimmender Einheit dar. Gefäße, die Saft saugen, Gefäße, die Luft saugen, diejenige, so den Saft ausarbeiten, und die, so ihn ausdünsten etc., ein großes Mannigfaltige, davon jedes einzeln keine Tauglichkeit zu den Wirkungen des andern hat, und wo die Vereinbarung derselben zur gesamten Vollkommenheit künstlich ist, so daß die Pflanze selbst mit ihren Beziehungen auf so verschiedene Zwecke ein zufälliges und willkürliches Eine ausmachet.

Dagegen liefert vornehmlich die unorganische Natur unaussprechlich viel Beweistümer einer notwendigen Einheit, in der Beziehung eines einfachen Grundes auf viele anständige Folgen, dermaßen, daß man auch bewogen wird zu vermuten, daß vielleicht da, wo selbst in der organischen Natur manche Vollkommenheit scheinen kann ihre besondere Anstalt zum Grunde zu haben, sie wohl eine notwendige Folge aus eben demselben Grunde sein mag, welcher sie mit vielen andern schönen Wirkungen schon in seiner wesentlichen Fruchtbarkeit verknüpfet, so daß auch so gar in diesen Naturreichen mehr notwendige Einheit sein mag, als man wohl denkt. Weil nun die Kräfte der Natur und ihre Wirkungsgesetze den Grund einer Ordnung der Natur enthalten, welche, in so ferne sie mannigfaltige Harmonie in einer notwendigen Einheit zusammenfasset, veranlasset, daß die Verknüpfung vieler Vollkommenheit in einem Grunde zum Gesetze wird, so hat man verschiedene Naturwirkungen in Ansehung ihrer Schönheit und Nützlichkeit unter der wesentlichen Naturordnung und vermittelst derselben unter Gott zu betrachten. Dagegen da auch manche Vollkommenheiten in einem Ganzen nicht durch die Fruchtbarkeit eines einzigen Grundes möglich sein, sondern verschiedene willkürlich zu dieser Absicht vereinbarte Gründe erheischen, so wird wiederum manche künstliche Anordnung die Ursache eines Gesetzes sein, und die Wirkungen, die darnach geschehen, stehen unter der zufälligen und künstlichen Ordnung der Natur, vermittelst ihrer aber unter Gott.

Vierte Betrachtung.
Gebrauch unseres Beweisgrundes in Beurteilung der Vollkommenheit einer Welt nach dem Laufe der Natur
1. Was aus unserm Beweisgrunde zum Vorzuge der Ordnung der Natur vor dem übernatürlichen kann geschlossen werden

Es ist eine bekannte Regel der Weltweisen oder vielmehr der gesunden Vernunft überhaupt: daß man ohne die erheblichste Ursache nichts vor ein Wunder, oder eine übernatürliche Begebenheit halten solle. Diese Regel enthält erstlich, daß Wunder selten sein, zweitens, daß die gesamte Vollkommenheit des Universum auch ohne viele übernatürliche Einflüsse dem göttlichen Willen gemäß nach den Gesetzen der Natur erreichet werde; denn jedermann erkennet: daß, wenn ohne häufige Wunder die Welt des Zwecks ihres Daseins verfehlte, übernatürliche Begebenheiten etwas Gewöhnliches sein müßten. Einige stehen in der Meinung, daß das Formale der natürlichen Verknüpfung der Folgen mit ihren Gründen an sich selbst eine Vollkommenheit wäre, welcher allenfalls ein besserer Erfolg, wenn er nicht anders als übernatürlicher Weise zu erhalten stünde, hintangesetzt werden müßte. Sie setzen in dem Natürlichen als einem solchen unmittelbar einen Vorzug, weil ihnen alles Übernatürliche als eine Unterbrechung einer Ordnung an sich selber scheint einen Übelstand zu erregen.

Allein diese Schwierigkeit ist nur eingebildet. Das Gute steckt nur in Erreichung des Zweckes, und wird den Mitteln nur um seinet willen zugeeignet. Die natürliche Ordnung, wenn nach ihr nicht vollkommene Folgen entspringen, hat unmittelbar keinen Grund eines Vorzugs in sich, weil sie nur nach der Art eines Mittels kann betrachtet werden, welches keine eigene, sondern nur eine, von der Größe des dadurch erreichten Zwecks entlehnte Schätzung verstattet. Die Vorstellung der Mühsamkeit, welche die Menschen bei ihren unmittelbaren Ausübungen empfinden, menget sich hier ingeheim mit unter, und gibt demjenigen, was man fremden Kräften anvertrauen kann, einen Vorzug, selbst da wo in dem Erfolg etwas von dem abgezweckten Nutzen vermißt würde. Indessen wenn ohne größere Beschwerde der, so das Holz an einer Schneidemühle anlegt, es eben so wohl unmittelbar in Bretter verwandeln könnte, so wäre alle Kunst dieser Maschine nur ein Spielwerk, weil der ganze Wert derselben nur an ihr als einem Mittel zu diesem Zwecke statt finden kann. Demnach ist etwas nicht darum gut, weil es nach dem Laufe der Natur geschieht, sondern der Lauf der Natur ist gut, in so fern das, was daraus fließt, gut ist. Und da Gott eine Welt in seinem Ratschlüsse begriff, in der alles mehrenteils durch einen natürlichen Zusammenhang die Regel des Besten erfüllete: so würdigte er sie seiner Wahl, nicht weil darin, daß es natürlich zusammenhing, das Gute bestand, sondern weil durch diesen natürlichen Zusammenhang ohne viele Wunder die vollkommenen Zwecke am richtigsten erreicht wurden.

Und nun entsteht die Frage: wie mag es zugehen, daß die allgemeine Gesetze der Natur dem Willen des Höchsten, in dem Verlauf der Begebenheiten der Welt die nach ihnen geschehen, so schön entsprechen, und welchen Grund hat man, ihnen diese Schicklichkeit zuzutrauen, daß man nicht öfterer als man wahrnimmt geheime übernatürliche Vorkehrungen zugeben müßte, die ihren Gebrechen unaufhörlich zu Hülfe kämen?[3] Hier leistet uns unser Begriff von der Abhängigkeit selbst der Wesen aller Dinge von Gott einen noch ausgebreitetem Nutzen, als der ist, den man in dieser Frage erwartet. Die Dinge der Natur tragen so gar in den notwendigsten Bestimmungen ihrer innern Möglichkeit das Merkmal der Abhängigkeit von demjenigen Wesen an sich, in welchem alles mit den Eigenschaften der Weisheit und Güte zusammenstimmt. Man kann von ihnen Übereinstimmung und schöne Verknüpfung erwarten und eine notwendige Einheit in den mancherlei vorteilhaften Beziehungen, die ein einziger Grund zu viel anständigen Gesetzen hat. Es wird nicht nötig sein, daß daselbst, wo die Natur nach notwendigen Gesetzen wirket, unmittelbare göttliche Ausbesserungen dazwischen kommen, weil, in so ferne die Folgen nach der Ordnung der Natur notwendig sein, nimmermehr selbst nach den allgemeinsten Gesetzen sich was Gott Mißfälliges eräugnen kann. Denn wie sollten doch die Folgen der Dinge, deren zufällige Verknüpfung von dem Willen Gottes abhängt, ihre wesentliche Beziehungen aber als die Gründe des Notwendigen in der Naturordnung von demjenigen in Gott herrühren, was mit seinen Eigenschaften überhaupt in der größten Harmonie steht, wie können diese, sage ich, seinem Willen entgegen sein? Und so müssen alle die Veränderungen der Welt, die mechanisch, mithin aus den Bewegungsgesetzen notwendig sein, jederzeit darum gut sein, weil sie natürlicher weise notwendig sind, und es ist zu erwarten, daß die Folge unverbesserlich sein werde, so bald sie nach der Ordnung der Natur unausbleiblich ist.[4] Ich bemerke aber, damit aller Mißverstand verhütet werde: daß die Veränderungen in der Welt entweder aus der ersten Anordnung des Universum und den allgemeinen und besondern Gesetzen der Natur notwendig sein, dergleichen alles dasjenige ist, was in der körperlichen Welt mechanisch vorgeht, oder daß sie gleichwohl bei allem diesem eine nicht genugsam begriffene Zufälligkeit haben, wie die Handlungen aus der Freiheit, deren Natur nicht gehörig eingesehen wird. Die letztere Art der Weltveränderungen, in so ferne sie scheinen eine Ungebundenheit in Ansehung bestimmender Gründe und notwendiger Gesetze an sich zu haben, enthalten in so weit eine Möglichkeit in sich, von der allgemeinen Abzielung der Naturdinge zur Vollkommenheit abzuweichen. Und um deswillen kann man erwarten, daß übernatürliche Ergänzungen nötig sein dürften, weil es möglich ist, daß in diesem Betracht der Lauf der Natur mit dem Willen Gottes bisweilen widerstreitend sein könne. Indessen, da selbst die Kräfte frei handelnder Wesen in der Verknüpfung mit dem übrigen des Universum nicht ganz allen Gesetzen entzogen sind, sondern immer, wenn gleich nicht nötigenden Gründen, dennoch solchen, die nach den Regeln der Willkür die Ausübung auf eine andere Art gewiß machen, unterworfen sein, so ist die allgemeine Abhängigkeit der Wesen der Dinge von Gott auch hier noch jederzeit ein großer Grund, die Folgen, die selbst unter dieser Art von Dingen nach dem Laufe der Natur sich zutragen, (ohne daß die scheinbare Abweichung in einzelnen Fällen uns irre machen darf) im Ganzen vor anständig und der Regel des Besten gemäß einzusehen; so daß nur selten die Ordnung der Natur einer unmittelbaren übernatürlichen Verbesserung oder Ergänzung benötigt ist, wie denn auch die Offenbarung derselben nur in Ansehung gewisser Zeiten und gewisser Völker Erwähnung tut. Die Erfahrung stimmt auch mit dieser Abhängigkeit so gar der freiesten Handlungen von einer großen natürlichen Regel überein. Denn so zufällig wie auch immer die Entschließung zum Heiraten sein mag, so findet man doch in eben demselben Lande, daß die Verhältnis der Ehen zu der Zahl der Lebenden ziemlich beständig sei, wenn man große Zahlen nimmt, und daß z. E. unter 110 Menschen beiderlei Geschlechts sich ein Ehepaar findet. Jedermann weiß, wie viel die Freiheit der Menschen zur Verlängerung oder Verkürzung des Lebens beitrage. Gleichwohl müssen selbst diese freie Handlungen einer großen Ordnung unterworfen sein; weil im Durchschnitte, wenn man große Mengen nimmt, die Zahl derer Sterbenden gegen die Lebenden sehr genau immer in eben demselben Verhältnis stehet. Ich begnüge mich mit diesen wenigen Beweistümern, um es einigermaßen verständlich zu machen, daß selbst die Gesetze der Freiheit keine solche Ungebundenheit in Ansehung der Regeln einer allgemeinen Naturordnung mit sich führen, daß nicht eben derselbe Grund, der in der übrigen Natur schon in den Wesen der Dinge selbst eine unausbleibliche Beziehung auf Vollkommenheit und Wohlgereimtheit befestigt, auch in dem natürlichen Laufe des freien Verhaltens wenigstens eine größere Lenkung auf ein Wohlgefallen des höchsten Wesens ohne vielfältige Wunder verursachen sollte. Mein Augenmerk ist aber mehr auf den Verlauf der Naturveränderungen gerichtet, in so ferne sie durch eingepflanzte Gesetze notwendig sein. Wunder werden in einer solchen Ordnung entweder gar nicht oder nur selten nötig sein, weil es nicht füglich sein kann, daß sich solche Unvollkommenheiten natürlicher Weise hervorfänden, die ihrer bedürftig wären.

Wenn ich mir den Begriff von den Dingen der Natur machte, den man gemeiniglich von ihnen hat: daß ihre innere Möglichkeit vor sich unabhängig und ohne einen fremden Grund sei, so würde ich es gar nicht unerwartet finden, wenn man sagete, eine Welt von einiger Vollkommenheit sei ohne viele übernatürliche Wirkungen unmöglich. Ich würde es vielmehr seltsam und unbegreiflich finden, wie ohne eine beständige Reihe von Wundern etwas Taugliches durch einen natürlichen großen Zusammenhang in ihr sollte geleistet werden können. Denn es müßte ein befremdliches Ohngefähr sein: daß die Wesen der Dinge, die jegliches vor sich seine abgesonderte Notwendigkeit hätten, sich so sollten zusammenschicken, daß selbst die höchste Weisheit aus ihnen ein großes Ganze vereinbaren könnte, in welchem, bei so vielfältiger Abhängigkeit, dennoch nach allgemeinen Gesetzen unverbesserliche Harmonie und Schönheit hervorleuchtete. Dagegen, da ich belehrt bin, daß, darum nur weil ein Gott ist, etwas anders möglich sei, so erwarte ich selbst von den Möglichkeiten der Dinge eine Zusammenstimmung, die ihrem großen Principium gemäß ist, und eine Schicklichkeit, durch allgemeine Anordnungen zu einem Ganzen zusammen zu passen, daß mit der Weisheit eben desselben Wesens richtig harmoniert, von dem sie ihren Grund entlehnen, und ich finde es so gar wunderbar: daß, so ferne etwas nach dem Laufe der Natur, gemäß allgemeinen Gesetzen geschieht, oder geschehen würde, es Gott mißfällig und eines Wunders zur Ausbesserung bedürftig sein sollte, und wenn es geschieht, so gehört selbst die Veranlassung dazu zu denen Dingen, die sich bisweilen zutragen, von uns aber nimmermehr können begriffen werden.

Man wird es auch ohne Schwierigkeit verstehen, daß, wenn man den wesentlichen Grund einsieht, weswegen Wunder zur Vollkommenheit der Welt selten nötig sein können, dieses auch von denenjenigen gelte, die wir in der vorigen Betrachtung übernatürliche Begebenheiten im formalen Verstande genannt haben, und die man in gemeinen Urteilen darum sehr häufig einräumt, weil man durch einen verkehrten Begriff darin etwas Natürliches zu finden glaubt.

2. Was aus unserm Beweisgrunde zum Vorzuge einer oder anderer Naturordnung geschlossen werden kann

In dem Verfahren der gereinigten Weltweisheit herrschet eine Regel, die, wenn sie gleich nicht förmlich gesagt, dennoch in der Ausübung jederzeit beobachtet wird: daß in aller Nachforschung der Ursachen zu gewissen Wirkungen man eine große Aufmerksamkeit bezeigen müsse, die Einheit der Natur so sehr wie möglich zu erhalten, das ist, vielerlei Wirkungen aus einem einzigen schon bekannten Grunde herzuleiten, und nicht zu verschieden Wirkungen wegen einiger scheinbaren größeren Unähnlichkeit sogleich neue und verschiedene wirkende Ursachen anzunehmen. Man präsumiert demnach, daß in der Natur große Einheit sei in Ansehung der Zulänglichkeit eines einigen Grundes zu mancherlei Art Folgen, und glaubt Ursache zu haben, die Vereinigung einer Art Erscheinungen mit denen von anderer Art mehrenteils als etwas Notwendiges und nicht als eine Wirkung einer künstlichen und zufälligen Ordnung anzusehen. Wie vielerlei Wirkungen werden nicht aus der einigen Kraft der Schwere hergeleitet, dazu man ehedem verschiedene Ursachen glaubte nötig zu finden; das Steigen einiger Körper und das Fallen anderer. Die Wirbel, um die Himmelskörper in Kreisen zu erhalten, sind abgestellt, so bald man die Ursache derselben in jener einfachen Naturkraft gefunden hat. Man präsumiert mit großem Grunde: daß die Ausdehnung der Körper durch die Wärme, das Licht, die elektrische Kraft, die Gewitter, vielleicht auch die magnetische Kraft vielerlei Erscheinungen einer und eben derselben wirksamen Materie, die in allen Räumen ausgebreitet ist, nämlich des Äthers sei, und man ist überhaupt unzufrieden, wenn man sich genötigt sieht, ein neues Principium zu einer Art Wirkungen anzunehmen. Selbst da, wo ein sehr genaues Ebenmaß eine besondere künstliche Anordnung zu erheischen scheint, ist man geneigt, sie dem notwendigen Erfolg aus allgemeinern Gesetzen beizumessen und noch immer die Regel der Einheit zu beobachten, ehe man eine künstliche Verfügung zum Grunde setze. Die Schneefiguren sind so regelmäßig, und so weit über alles Plumpe, das der blinde Zufall zuwege bringen kann, zierlich, daß man fast ein Mißtrauen in die Aufrichtigkeit derer setzen sollte, die uns Abzeichnungen davon gegeben haben, wenn nicht ein jeder Winter unzählige Gelegenheit gäbe, einen jeden durch eigene Erfahrung davon zu versichern. Man wird wenig Blumen antreffen, welche, so viel man äußerlich wahrnehmen kann, mehr Nettigkeit und Proportion zeigeten, und man sieht gar nichts, was die Kunst hervor bringen kann, das da mehr Richtigkeit enthielte, als diese

Erzeugungen, die die Natur mit so viel Verschwendung über die Erdfläche ausstreuet. Und gleichwohl hat sich niemand in den Sinn kommen lassen, sie von einem besondern Schneesamen herzuleiten, und eine künstliche Ordnung der Natur zu ersinnen, sondern man mißt sie als eine Nebenfolge allgemeineren Gesetzen bei, welche die Bildung dieses Produkts mit notwendiger Einheit zugleich unter sich befassen.[5]

Gleichwohl ist die Natur reich an einer gewissen andern Art von Hervorbringungen, wo alle Weltweisheit, die über ihre Enstehungsart nachsinnt, sich genötigt sieht, diesen Weg zu verlassen. Große Kunst, und eine zufällige Vereinbarung durch freie Wahl gewissen Absichten gemäß, ist daselbst augenscheinlich, und wird zugleich der Grund eines besondern Naturgesetzes, welches zur künstlichen Naturordnung gehöret. Der Bau der Pflanzen und Tiere zeiget eine solche Anstalt, wozu die allgemeine und notwendige Naturgesetze unzulänglich sein. Da es nun ungereimt sein würde, die erste Erzeugung einer Pflanze oder Tiers als eine mechanische Nebenfolge aus allgemeinen Naturgesetzen zu betrachten, so bleibt gleichwohl noch eine doppelte Frage übrig, die aus dem angeführten Grunde unentschieden ist: ob nämlich ein jedes Individuum derselben unmittelbar von Gott gebauet, und also übernatürlichen Ursprungs sei, und nur die Fortpflanzung, das ist, der Übergang von Zeit zu Zeit zur Auswickelung einem natürlichen Gesetze anvertrauet sei, oder ob einige Individuen des Pflanzen- und Tierreichs zwar unmittelbar göttlichen Ursprungs sein, jedoch mit einem uns nicht begreiflichem Vermögen, nach einem ordentlichen Naturgesetze ihres gleichen zu erzeugen und nicht bloß auszuwickeln. Von beiden Seiten zeigen sich Schwierigkeiten. Es ist vielleicht unmöglich auszumachen, welche die größeste sei; allein was uns hier angeht, ist nur, das Übergewicht der Gründe in so ferne sie metaphysisch sind zu bemerken. Wie z. E. ein Baum durch eine innere mechanische Verfassung soll vermögend sein, den Nahrungssaft so zu formen und zu modeln, daß in dem Auge der Blätter oder seinem Samen etwas entstünde, das einen ähnlichen Baum im Kleinen, oder woraus doch ein solcher werden könnte, enthielte, ist nach allen unsern Kenntnissen auf keine Weise einzusehen. Die innerliche Formen des Herrn von Buffon, und die Elemente organischer Materie, die sich zu Folge ihrer Erinnerungen, den Gesetzen der Begierden und des Abscheues gemäß, nach der Meinung des Herren von Maupertuis zusammenfügen, sind entweder eben so unverständlich als die Sache selbst, oder ganz willkürlich erdacht. Allein ohne sich an dergleichen Theorien zu kehren, muß man denn darum selbst eine andere davor aufwerfen, die eben so willkürlich ist, nämlich, daß alle diese Individuen übernatürlichen Ursprungs sein, weil man ihre natürliche Entstehungsart gar nicht begreift? Hat wohl jemals einer das Vermögen des Hefens, seines gleichen zu erzeugen, mechanisch begreiflich gemacht, und gleichwohl bezieht man sich desfalls nicht auf einen übernatürlichen Grund.

Da in diesem Falle der Ursprung aller solcher organischen Produkte als völlig übernatürlich angesehen wird, so glaubt man dennoch etwas vor den Naturphilosophen übrig zu lassen, wenn man ihn mit der Art der allmählichen Fortpflanzung spielen läßt. Allein man bedenke wohl: daß man dadurch das Übernatürliche nicht vermindert, denn es mag diese übernatürliche Erzeugung zur Zeit der Schöpfung oder nach und nach in verschiedenen Zeitpunkten geschehen, so ist in dem letzteren Falle nicht mehr Übernatürliches als im ersten, denn der ganze Unterschied läuft nicht auf den Grad der unmittelbaren göttlichen Handlung, sondern lediglich auf das Wenn hinaus. Was aber jene natürliche Ordnung der Auswickelung anlangt, so ist sie nicht eine Regel der Fruchtbarkeit der Natur, sondern eine Methode eines unnützen Umschweifs. Denn es wird dadurch nicht der mindeste Grad einer unmittelbaren göttlichen Handlung besparet. Demnach scheinet es unvermeidlich: entweder bei jeder Begattung die Bildung der Frucht unmittelbar einer göttlichen Handlung beizumessen, oder der ersten göttlichen Anordnung der Pflanzen und Tiere eine Tauglichkeit zuzulassen, ihres Gleichen in der Folge nach einem natürlichen Gesetze nicht bloß zu entwickeln, sondern wahrhaftig zu erzeugen.

Meine gegenwärtige Absicht ist nur, hiedurch zu zeigen, daß man den Naturdingen eine größere Möglichkeit nach allgemeinen Gesetzen ihre Folgen hervorzubringen einräumen müsse, als man es gemeiniglich tut.

Fünfte Betrachtung.
Worin die Unzulänglichkeit der gewöhnlichen Methode der Physikotheologie gewiesen wird
1. Von der Physikotheologie überhaupt

Alle Arten, das Dasein Gottes aus den Wirkungen desselben zu erkennen, lassen sich auf die drei folgende bringen. Entweder man gelanget zu dieser Erkenntnis durch die Wahrnehmung desjenigen, was die Ordnung der Natur unterbricht und diejenige Macht unmittelbar bezeichnet, welcher die Natur unterworfen ist, diese Überzeugung wird durch *Wunder* veranlaßt; oder die *zufällige* Ordnung der *Natur*, von der man deutlich einsieht, daß sie auf vielerlei andere Art möglich war, in der gleichwohl große Kunst, Macht und Güte hervorleuchtet, führt auf den göttlichen Urheber; oder drittens die *notwendige* Einheit, die in der *Natur* wahrgenommen wird, und die wesentliche Ordnung der Dinge, welche großen Regeln der Vollkommenheit gemäß ist, kurz das, was in der Regelmäßigkeit der Natur Notwendiges ist, leitet auf ein oberstes Principium nicht allein dieses Daseins sondern selbst aller Möglichkeit.

Wenn Menschen völlig verwildert sein, oder eine halsstarrige Bosheit ihre Augen verschließt, alsdenn scheinet das erstere Mittel einzig und allein einige Gewalt an sich zu haben, sie vom Dasein des höchsten Wesens zu überführen. Dagegen findet die richtige Betrachtung einer wohlgearteten Seele an so viel zufälliger Schönheit und zweckmäßiger Verbindung, wie die Ordnung der Natur darbietet, Beweistümer genug, einen mit großer Weisheit und Macht begleiteten Willen daraus abzunehmen, und es sind zu dieser Überzeugung, so ferne sie zum tugendhaften Verhalten hinlänglich, das ist, moralisch gewiß sein soll, die gemeine Begriffe des Verstandes hinreichend. Zu der dritten Art zu schließen wird notwendiger Weise Weltweisheit erfodert und es ist auch einzig und allein ein höherer Grad derselben fähig, mit einer Klarheit und Überzeugung, die der Größe der Wahrheit gemäß ist, zu dem nämlichen Gegenstande zu gelangen.

Die beide letztere Arten kann man physikotheologische Methoden nennen; denn sie zeigen beide den Weg, aus den Betrachtungen über die Natur zur Erkenntnis Gottes hinauf zu steigen.

2. Die Vorteile und auch die Fehler der gewöhnlichen Physikotheologie

Das Hauptmerkmal der bis dahin gebräuchlichen physischtheologischen Methode bestehet darin: daß die Vollkommenheit und Regelmäßigkeit erstlich ihrer Zufälligkeit nach gehörig begriffen, und alsdenn die künstliche Ordnung nach allen zweckmäßigen Beziehungen darinnen gewiesen wird, um daraus auf einen weisen und gütigen Willen zu schließen, nachher aber zugleich, durch die hinzugefügte Betrachtung der Größe des Werks, der Begriff der unermeßlichen Macht des Urhebers damit vereinigt wird.

Diese Methode ist vortrefflich: erstlich, weil die Überzeugung überaus sinnlich und daher sehr lebhaft und einnehmend, und dennoch auch dem gemeinsten Verstande leicht und faßlich ist; zweitens, weil sie natürlicher ist als irgend eine andere, indem ohne Zweifel ein jeder von ihr zuerst anfängt; drittens, weil sie einen sehr anschauenden Begriff von der hohen Weisheit, Vorsorge oder auch der Macht des anbetungswürdigen Wesens verschaffet, welcher die Seele füllet, und die größeste Gewalt hat, auf Erstaunen, Demut und Ehrfurcht zu wirken.[6] Diese Beweisart ist viel praktischer als irgend eine andere selbst in Ansehung des Philosophen. Denn ob er gleich vor seinen forschenden oder grüblenden Verstand hier nicht die bestimmte abgezogene Idee der Gottheit antrifft und die Gewißheit selbst nicht mathematisch sondern moralisch ist, so bemächtigen sich doch so viel Beweistümer, jeder von so großem Eindruck, seiner Seele, und die Spekulation folgt ruhig mit einem gewissen Zutrauen einer Überzeugung, die schon Platz genommen hat. Schwerlich würde wohl jemand seine ganze Glückseligkeit auf die angemaßte Richtigkeit eines metaphysischen Beweises wagen, vornehmlich wenn ihm lebhafte sinnliche Überredungen entgegen stünden. Allein die Gewalt der Überzeugung, die hieraus erwächst, darum eben weil sie so sinnlich ist, ist auch so gesetzt und unerschütterlich, daß sie keine Gefahr von Schlußreden und Unterscheidungen besorget, und sich weit über die Macht spitzfündiger Einwürfe wegsetzt. Gleichwohl hat diese Methode ihre Fehler, die beträchtlich genug sind, ob sie zwar eigentlich nur dem Verfahren derjenigen zuzurechnen sind, die sich ihrer bedient haben.

1. Sie betrachtet alle Vollkommenheit, Harmonie und Schönheit der Natur als zufällig, und als eine Anordnung durch Weisheit, da doch viele derselben mit notwendiger Einheit aus den wesentlichsten Regeln der Natur abfließen. Das, was der Absicht der Physikotheologie hiebei am schädlichsten ist, besteht darin, daß sie diese Zufälligkeit der Naturvollkommenheit als höchstnötig zum Beweise eines weisen Urhebers ansieht, daher alle notwendige Wohlgereimtheiten der Dinge der Welt bei dieser Voraussetzung gefährliche Einwürfe werden.

Um sich von diesem Fehler zu überzeugen, merke man auf nachstehendes. Man siehet, wie die Verfasser nach dieser Methode geflissen sein, die an unzähligen Endabsichten reiche Produkte des Pflanzen- und Tierreichs nicht allein der Macht des Ohngefährs, sondern auch der mechanischen Notwendigkeit nach allgemeinen Gesetzen der materialen Natur zu entreißen. Und hierin kann es ihnen auch nicht im mindesten schwer werden. Das Übergewicht der Gründe auf ihrer Seite ist gar zu sehr entschieden. Allein wenn sie sich von der organischen Natur zur unorganischen wenden, so beharren sie noch immer auf eben derselben Methode, allein sie finden sich daselbst fast jederzeit durch die veränderte Natur der Sachen in Schwierigkeiten befangen, denen sie nicht ausweichen können. Sie reden noch immer von der durch große Weisheit getroffenen Vereinbarung so vieler nützlichen Eigenschaften des Luftkreises, denen Wolken, dem Regen, den Winden, der Dämmerung etc. etc., als wenn die Eigenschaft, wodurch die Luft zu Erzeugung der Winde auferlegt ist, mit derjenigen, wodurch sie Dünste aufzieht, oder wodurch sie in großen Hohen dünner wird, eben so vermittelst einer weisen Wahl wäre vereinigt worden, wie etwa bei einer Spinne die verschiedene Augen, womit sie ihrem Raube auflauert, mit den Warzen, woraus die Spinnenseide als durch Ziehlöcher gezogen wird, mit den feinen Klauen oder auch den Ballen ihrer Füße, dadurch sie sie zusammenklebt oder sich daran erhält, in einem Tiere verknüpft sind. In diesem letzteren Fall ist die Einheit bei allen verbundenen Nutzbarkeiten (als in welcher die Vollkommenheit besteht) offenbar zufällig, und einer weisen Willkür beizumessen, da sie im Gegenteil im erstern Fall notwendig ist; und wenn nur eine Tauglichkeit von denen erwähnten der Luft beigemessen wird, die andere unmöglich davon zu trennen ist. Eben dadurch daß man keine andere Art, die Vollkommenheit der Natur zu beurteilen einräumt, als durch die Anstalt der Weisheit, so wird eine jede ausgebreitete

Einheit, in so ferne sie offenbar als notwendig erkannt wird, einen gefährlichen Einwurf ausmachen. Wir werden bald sehen, daß nach unserer Methode aus einer solchen Einheit gleichwohl auch auf die göttliche Weisheit geschlossen wird, aber nicht so, daß sie von der weisen Wahl als ihrer Ursache, sondern von einem solchen Grunde in einem obersten Wesen hergeleitet wird, welcher zugleich ein Grund einer großen Weisheit in ihm sein muß, mithin wohl von einem weisen Wesen, aber nicht durch seine Weisheit.

2. Diese Methode ist nicht genugsam philosophisch und hat auch öfters die Ausbreitung der philosophischen Erkenntnis sehr gehindert. So bald eine Naturanstalt nützlich ist, so wird sie gemeiniglich unmittelbar aus der Absicht des göttlichen Willens, oder doch durch eine besonders durch Kunst veranstaltete Ordnung der Natur erklärt; entweder weil man einmal sich in den Kopf gesetzt hat: die Wirkungen der Natur, gemäß ihren allgemeinsten Gesetzen, könnten auf solche Wohlgereimtheit nicht auslaufen, oder wenn man einräumete, sie hätten auch solche Folgen, so würde dieses heißen: die Vollkommenheit der Welt einem blinden Ohngefähr zuzutrauen, wodurch der göttliche Urheber sehr würde verkannt werden. Daher werden in einem solchen Falle der Naturforschung Grenzen gesetzt. Die erniedrigte Vernunft stehet gerne von einer weiteren Untersuchung ab, weil sie solche hier als Vorwitz ansieht, und das Vorurteil ist desto gefährlicher, weil es den Faulen einen Vorzug vor dem unermüdeten Forscher gibt durch den Vorwand der Andacht und der billigen Unterwerfung unter den großen Urheber, in dessen Erkenntnis sich alle Weisheit vereinbaren muß. Man erzählt z. E. die Nutzen der Gebirge, deren es unzählige gibt, und so bald man deren recht viel, und unter diesen solche die das menschliche Geschlecht nicht entbehren kann, zusammen gebracht hat, so glaubt man Ursache zu haben, sie als eine unmittelbare göttliche Anstalt anzusehen. Denn sie als eine Folge aus allgemeinen Bewegungsgesetzen zu betrachten, (weil man von diesen gar nicht vermutet, daß sie auf schöne und nützliche Folgen sollten eine Beziehung haben, es müßte denn etwa von ohngefähr sein) das würde ihrer Meinung nach heißen, einem wesentlichen Vorteil des Menschengeschlechts auf den blinden Zufall ankommen lassen. Eben so ist es mit der Betrachtung der Flüsse der Erde bewandt. Wenn man die physischtheologischen Verfasser hört, so wird man dahin gebracht, sich vorzustellen, ihre Laufrinnen wären alle von Gott ausgehöhlt. Es heißt auch nicht philosophieren: wenn man, indem man einen jeden einzelnen Berg, oder jeden einzelnen Strom als eine besondere Absicht Gottes betrachtet, die nach allgemeinen Gesetzen nicht würde erreicht worden sein, wenn man, sage ich, alsdenn sich diejenige Mittel ersinnet, deren besonderen Vorkehrung sich etwa Gott möchte bedient haben, um diese Individual-Wirkungen heraus zu bringen. Denn nach demjenigen, was in der dritten Betrachtung dieser Abteilung gezeigt worden, ist dergleichen Produkt dennoch in so ferne immer

übernatürlich, ja, weil es nicht nach einer Ordnung der Natur (indem es nur als eine einzelne Begebenheit durch eigene Anstalten entstand) erklärt werden kann, so gründet sich ein solches Verfahren zu urteilen auf eine verkehrte Vorstellung vom Vorzuge der Natur an sich selber, wenn sie auch durch Zwang auf einen einzelnen Fall sollte gelenkt werden müssen, welches nach aller unserer Einsicht als ein Mittel des Umschweifs und nicht als ein Verfahren der Weisheit kann angesehen werden.[7] Als Newton durch untriegliche Beweise sich überzeugt hatte: daß der Erdkörper diejenige Figur habe, auf der alle durch den Drehungsschwung veränderte Richtungen der Schwere senkrecht stünden, so schloß er: die Erde sei im Anfange flüssig gewesen, und habe nach den Gesetzen der Statik vermittelst der Umdrehung gerade diese Gestalt angenommen. Er kannte so gut wie sonst jemand die Vorteile, die in der Kugelrundung eines Weltkörpers liegen und auch die höchst nötige Abplattung, um den nachteiligen Folgen der Achsendrehung vorzubeugen. Dieses sind insgesamt Anordnungen, die eines weisen Urhebers würdig sein. Gleichwohl trug er kein Bedenken, sie den notwendigsten mechanischen Gesetzen als eine Wirkung beizumessen, und besorgte nicht, dabei den großen Regierer aller Dinge aus den Augen zu verlieren.

Es ist also auch sicher zu vermuten: daß er nimmermehr in Ansehung des Baues der Planeten, ihrer Umläufe und der Stellung ihrer Kreise, unmittelbar zu einer göttlichen Anstalt seine Zuflucht würde genommen haben, wenn er nicht geurteilt hätte: daß hier ein mechanischer Ursprung unmöglich sei, nicht wegen der Unzulänglichkeit derselben zur Regelmäßigkeit und Ordnung überhaupt (denn warum besorgte er nicht diese Untauglichkeit in dem vorher erwähnten Falle?), sondern weil die Himmelsräume leer sind, und keine Gemeinschaft der Wirkungen der Planeten ineinander, ihre Kreise zu stellen, in diesem Zustande möglich ist. Wenn es ihm indessen beigefallen wäre zu fragen: ob sie denn auch jederzeit leer gewesen, und ob nicht wenigstens im allerersten Zustande, da diese Räume vielleicht im Zusammenhange erfüllet waren, diejenige Wirkung möglich gewesen, deren Folgen sich seitdem erhalten haben, wenn er von dieser allerältesten Beschaffenheit eine gegründete Vermutung gehabt hätte, so kann man versichert sein, daß er auf eine der Philosophie geziemende Art in den allgemeinen mechanischen Gesetzen die Gründe von der Beschaffenheit des Weltbaues gesucht haben würde, ohne desfalls in Sorgen zu sein, daß diese Erklärung den Ursprung der Welt aus den Händen des Schöpfers der Macht des Ohngefährs überlieferte. Das berühmte Beispiel des Newton darf demnach nicht dem faulen Vertrauen zum Vorwande dienen, eine übereilte Berufung auf eine unmittelbare göttliche Anstalt vor eine Erklärung in philosophischem Geschmacke auszugeben.

Überhaupt haben freilich unzählbare Anordnungen der Natur, da sie nach den allgemeinsten Gesetzen immer noch zufällig sind, keinen andern Grund als die weise Absicht desjenigen der gewollt hat, daß sie so und nicht anders verknüpft werden sollten. Aber man kann nicht umgekehrt schließen: wo eine natürliche Verknüpfung mit demjenigen übereinstimmt, was einer weisen Wahl gemäß ist, da ist sie auch nach den allgemeinen Wirkungsgesetzen der Natur zufällig, und durch künstliche Fügung außerordentlich fest gesetzt worden. Es kann bei dieser Art zu denken sich öfters zutragen, daß die Zwecke der Gesetze, die man sich einbildet, unrichtig sind, und denn hat man außer diesem Irrtume noch den Schaden, daß man die wirkende Ursachen vorbeigegangen ist und unmittelbar an eine Absicht, die nur erdichtet ist, gehalten hat. Süßmilch hatte ehedem vermeinet, den Grund, warum mehr Knäbchen als Mägdchen geboren werden, in dieser Absicht der Vorsehung zu finden, damit durch die größere Zahl derer vom Mannsgeschlechte der Verlust ergänzt werde, den dieses Geschlecht durch Krieg und gefährlichere Arten des Gewerbes vor dem andern erleidet. Allein durch spätere Beobachtungen wurde eben dieser sorgfältige und vernünftige Mann belehrt: daß dieser Überschuß der Knäbchen in den Jahren der Kindheit durch den Tod so weggenommen werde, daß noch eine geringere Zahl männlichen als die des weiblichen in die Jahre gelangen, wo die vorher erwähnte Ursachen allererst Gründe des Verlusts enthalten können. Man hat Ursache zu glauben, daß diese Merkwürdigkeit ein Fall sei, der unter einer viel allgemeinern Regel stehen mag, nämlich, daß der Stärkere Teil der Menschenarten auch einen größeren Anteil an der Zeugungstätigkeit habe, um in den beiderseitigen Produkten seine eigene Art überwiegend zu machen, daß aber dagegen, weil mehr dazu gehört, daß etwas, welches die Grundlage zu größerer Vollkommenheit hat, auch in der Ausbildung alle zu Erreichung derselben gehörige Umstände antreffe, eine größere Zahl derer von minder vollkommenen Art den Grad der Vollständigkeit erreichen werde, als derjenigen, zu deren Vollständigkeit mehr Zusammentreffung von Gründen erfodert wird. Es mag aber mit dieser Regel eine Beschaffenheit haben welche es wolle, so kann man hiebei wenigstens die Anmerkung machen: daß es die Erweiterung der philosophischen Einsicht hindere, sich an die moralische Gründe, das ist, an die Erläuterung aus Zwecken zu wenden, da wo; es noch zu vermuten ist, daß physische Gründe durch eine Verknüpfung mit notwendigen allgemeineren Gesetzen die Folge bestimmen.

3. Diese Methode kann nur dazu dienen, einen Urheber der Verknüpfungen und künstlichen Zusammenfügungen der Welt, aber nicht der Materie selbst und den Ursprung der Bestandteile des Universum zu beweisen. Dieser beträchtliche Fehler muß alle diejenige, die sich ihrer allein bedienen, in Gefahr desjenigen Irrtums lassen, den man den feineren Atheismus nennt, und nach welchem Gott im eigentlichen Verstande als ein Werkmeister und nicht als ein Schöpfer der Welt, der zwar die Materie geordnet und geformet, nicht aber hervorgebracht und erschaffen hat, angesehen werde. Da ich diese Unzulänglichkeit in der nächsten Betrachtung erwägen werde, so begnüge ich mich, sie hier nur angemerkt zu haben.

Übrigens bleibt die gedachte Methode jederzeit eine derjenigen, die so wohl der Würde als auch der Schwäche des menschlichen Verstandes am meisten gemäß sind. Es sind in der Tat unzählbare Anordnungen in der Natur, deren nächster Grund eine Endabsicht ihres Urhebers sein muß, und es ist der leichteste Weg, der auf ihn führt, wenn man diejenige Anstalten erwägt, die seiner Weisheit unmittelbar untergeordnet sein. Daher ist es billig, seine Bemühungen vielmehr darauf zu wenden, sie zu ergänzen als anzufechten, ihre Fehler zu verbessern als sie um deswillen geringschätzig zu halten. Die folgende Betrachtung soll sich mit dieser Absicht beschäftigen.

Sechste Betrachtung.
Verbesserte Methode der Physikotheologie
1. Ordnung und Anständigkeit, wenn sie gleich notwendig ist, bezeichnet einen verständigen Urheber

Es kann nichts dem Gedanken von einem göttlichen Urheber des Universum nachteiliger und zugleich unvernünftiger sein, als wenn man bereit ist, eine große und fruchtbare Regel der Anständigkeit, Nutzbarkeit und Übereinstimmung dem ungefähren Zufall beizumessen; dergleichen das Clinamen der Atomen in dem Lehrgebäude des Democritus und Epikurs war. Ohne daß ich mich bei der Ungereimtheit und vorsetzlichen Verblendung dieser Art zu urteilen verweile, da sie genugsam von andern ist augenscheinlich gemacht worden, so bemerke ich dagegen: Daß die wahrgenommene Notwendigkeit in Beziehung der Dinge auf regelmäßige Verknüpfungen, und der Zusammenhang nützlicher Gesetze mit einer notwendigen Einheit, eben so wohl als die zufälligste und willkürlichste Anstalt einen Beweistum von einem weisen Urheber abgebe; obgleich die Abhängigkeit von ihm in diesem Gesichtspunkte auf andere Art muß vorgestellt werden. Um dieses gehörig einzusehen, so merke ich an: daß die Ordnung und vielfältige vorteilhafte Zusammenstimmung überhaupt einen verständigen Urheber bezeichnet, noch ehe man daran denkt, ob diese Beziehung denen Dingen notwendig oder zufällig sei. Nach den Urteilen der gemeinen gesunden Vernunft hat die Abfolge der Weltveränderungen, oder diejenige Verknüpfung, an deren Stelle eine andere möglich war, ob sie gleich einen klaren Beweisgrund der Zufälligkeit an die Hand gibt, wenig Wirkung, dem Verstande die Vermutung eines Urhebers zu veranlassen. Es wird dazu Philosophie erfodert und selbst deren Gebrauch ist in diesem Falle verwickelt und schlüpferig. Dagegen macht große Regelmäßigkeit und Wohlgereimtheit in einem vielstimmichten Harmonischen stutzig, und die gemeine Vernunft selbst kann sie ohne einem verständigen Urheber nimmer möglich finden. Die eine Regel der Anständigkeit mag in der andern schon wesentlich liegen, oder willkürlich damit verbunden sein, so findet man es gerade zu unmöglich, daß Ordnung und Regelmäßigkeit entweder von Ohngefähr, oder auch unter viel Dingen, die ihr verschiedenes Dasein haben, so von selbst sollte statt finden, denn nimmermehr ist ausgebreitete Harmonie ohne einen verständigen Grund ihrer Möglichkeit nach zureichend gegeben. Und hier äußert sich alsbald ein großer Unterschied zwischen der Art, wie man die Vollkommenheit ihrem Ursprunge nach zu beurteilen habe.

2. Notwendige Ordnung der Natur bezeichnet selbst einen Urheber der Materie, die so geordnet ist

Die Ordnung in der Natur, in so ferne sie als zufällig und aus der Willkür eines verständigen Wesens entspringend angesehen wird, ist gar kein Beweis davon, daß auch die Dinge der Natur, die in solcher Ordnung nach Weisheit verknüpft sein, selbst von diesem Urheber ihr Dasein haben. Denn lediglich diese Verbindung ist so bewandt, daß sie einen verständigen Plan voraussetzt; daher auch Aristoteles und viele andere Philosophen des Altertums nicht die Materie oder den Stoff der Natur, sondern nur die Form von der Gottheit herleiteten. Vielleicht nur seit der Zeit, als uns die Offenbarung eine vollkommene Abhängigkeit der Welt von Gott gelehrt hat, hat auch allererst die Weltweisheit die gehörige Bemühung daran gewandt, den Ursprung der Dinge selbst, die den rohen Zeug der Natur ausmachen, als so etwas zu betrachten, was ohne einen Urheber nicht möglich sei. Ich zweifle, daß es jemanden hiemit gelungen sei, und ich werde in der letzten Abteilung Gründe meines Urteils anführen. Zum mindesten kann die zufällige Ordnung der Teile der Welt, in so ferne sie einen Ursprung aus Willkür anzeigt, gar nichts zum Beweise davon beitragen. Z. E. An dem Bau eines Tiers sind Gliedmaßen der sinnlichen Empfindung mit denen der willkürlichen Bewegung und der Lebensteile so künstlich verbunden, daß man boshaft sein muß (denn so unvernünftig kann ein Mensch nicht sein), so bald man darauf geführt wird, einen weisen Urheber zu verkennen, der die Materie, daraus ein tierischer Körper zusammen gesetzt ist, in so vortreffliche Ordnung gebracht hat. Mehr folgt hieraus gar nicht. Ob diese Materie vor sich ewig und unabhängig, oder auch von eben demselben Urheber hervorgebracht sei, das ist darin gar nicht entschieden. Ganz anders aber fällt das Urteil aus, wenn man wahrnimmt, daß nicht alle Naturvollkommenheit künstlich, sondern Regeln von großer Nutzbarkeit auch mit notwendiger Einheit verbunden sind, und diese Vereinbarung in den Möglichkeiten der Dinge selbst liegt. Was soll man bei dieser Wahrnehmung urteilen? Ist diese Einheit, diese fruchtbare Wohlgereimtheit ohne Abhängigkeit von einem weisen Urheber möglich? Das Formale so großer und vielfältiger Regelmäßigkeit verbietet dieses. Weil indessen diese Einheit gleichwohl selbst in den Möglichkeiten der Dinge gegründet ist, so muß ein weises Wesen sein, ohne welches alle diese Naturdinge selbst nicht möglich sind, und in welchem als einem großen Grunde sich die Wesen so mancher Naturdinge zu so regelmäßigen Beziehungen vereinbaren. Alsdenn aber ist klar, daß nicht allein die Art der Verbindung, sondern die Dinge selbst nur durch dieses Wesen möglich sein, das ist, nur als Wirkungen von ihm existieren können, welches die völlige Abhängigkeit der Natur von Gott allererst hinreichend zu erkennen gibt. Fragt man nun, wie hängen diese Naturen von solchem Wesen ab, damit ich daraus die Übereinstimmung mit den Regeln der Weisheit verstehen könne? Ich antworte: sie hängen von demjenigen in diesem Wesen ab, was, indem es den Grund der Möglichkeit der Dinge enthält, auch der Grund seiner eigenen Weisheit ist; denn diese setzet überhaupt jene voraus.[8] Bei dieser Einheit aber des Grundes, so wohl des Wesens aller Dinge, als der Weisheit, Güte und Macht, ist es notwendig: daß alle Möglichkeit mit diesen Eigenschaften harmoniere.

3. Regeln der verbesserten Methode der Physikotheologie

Ich fasse sie in folgendem kurz zusammen: Durch das Zutrauen auf die Fruchtbarkeit der allgemeinen Naturgesetze, wegen ihrer Abhängigkeit vom göttlichen Wesen, geleitet, suche man

1. Die Ursache, selbst der vorteilhaftesten Verfassungen, in solchen allgemeinen Gesetzen, die mit einer notwendigen Einheit, außer andern anständigen Folgen, auch auf die Hervorbringung dieser Wirkungen in Beziehung stehen.

2. Man bemerke das Notwendige in dieser Verknüpfung verschiedener Tauglichkeiten in einem Grunde, weil so wohl die Art, um daraus auf die Abhängigkeit von Gott zu schließen, von derjenigen verschieden ist, welche eigentlich die künstliche und gewählte Einheit zum Augenmerk hat, als auch um den Erfolg nach beständigen und notwendigen Gesetzen vom ungefähren Zufall zu unterscheiden.

3. Man vermute nicht allein in der unorganischen, sondern auch der organisierten Natur eine größere notwendige Einheit, als so gerade zu in die Augen fällt. Denn selbst im Baue eines Tieres ist zu vermuten: daß eine einzige Anlage eine fruchtbare Tauglichkeit zu viel vorteilhaften Folgen haben werde, wozu wir anfänglich vielerlei besondere Anstalten nötig finden möchten. Diese Aufmerksamkeit ist so wohl der Philosophie sehr gemäß, als auch der physischtheologischen Folgerung vorteilhaft.

4. Man bediene sich der offenbar künstlichen Ordnung, um daraus auf die Weisheit eines Urhebers als einen Grund, der wesentlichen und notwendigen Einheit aber in den Naturgesetzen, um daraus auf ein weises Wesen als einen Grund, aber nicht

vermittelst seiner Weisheit, sondern vermöge desjenigen in ihm, was mit dieser harmonieren muß, zu schließen.

5. Man schließe aus den *zufälligen* Verbindungen der Welt auf den Urheber der Art wie das Universum zusammengefügt ist, von der *notwendigen* Einheit aber auf eben dasselbe Wesen als einen Urheber so gar der Materie und des Grundstoffes aller Naturdinge.

6. Man erweitere diese Methode durch allgemeine Regeln, welche die Gründe der Wohlgereimtheit desjenigen, was mechanisch oder auch geometrisch notwendig ist, mit dem Besten des Ganzen können verständlich machen, und verabsäume nicht, selbst die Eigenschaften des Raumes in diesem Gesichtspunkte zu erwägen und aus der Einheit in dem großen Mannigfaltigen desselben den nämlichen Hauptbegriff zu erläutern.

4. Erläuterung dieser Regeln

Ich will einige Beispiele anführen, um die gedachte Methode verständlicher zu machen. Die Gebirge der Erde sind eine der nützlichsten Verfassungen auf derselben, und *Burnet*, der sie vor nichts Bessers, als eine wilde Verwüstung zur Strafe unserer Sünde ansieht, hat ohne Zweifel Unrecht. Nach der gewöhnlichen Methode der Physikotheologie werden die ausgebreitete Vorteile dieser Bergstrecken erzählt, und darauf werden sie als eine göttliche Anstalt durch große Weisheit um so vielfältig abgezielter Nutzen willen angesehen. Nach einer solchen Art zu urteilen wird man auf die Gedanken gebracht: daß allgemeine Gesetze, ohne eine eigene künstliche Anordnung auf diesen Fall, eine solche Gestalt der Erdfläche nicht zuwege gebracht hätten, und die Berufung auf den allmächtigen Willen gebietet der forschenden Vernunft ein ehrerbietiges Schweigen. Dagegen ist, nach einer besser unterwiesenen Denkungsart, der Nutze und die Schönheit dieser Naturanstalt gar kein Grund, die allgemeine und einfältige Wirkungsgesetze der Materie vorbei zu gehen, um diese Verfassung nicht als eine Nebenfolge derselben anzusehen. Es möchte vielleicht schwer auszumachen sein: ob die Kugelfigur der Erde überhaupt nicht von noch beträchtlicherem Vorteile und wichtigern Folgen sei, als diejenigen Unebenheiten, die ihre Oberfläche von dieser abgemessenen Rundung etwas abweichen machen. Gleichwohl findet kein Philosoph einiges Bedenken, sie als eine Wirkung der allgemeinsten statischen Gesetze in der allerältesten Epoche der Welt anzusehen. Warum sollten die Ungleichheiten und Hervorragungen nicht auch zu solchen natürlichen und ungekünstelten Wirkungen gehören? Es scheinet: daß bei einem jeden großen Weltkörper der Zustand, da er aus der Flüssigkeit in die Festigkeit allmählich übergeht, sehr notwendig mit der Erzeugung weitläuftiger Höhlen verbunden sei, die sich unter seiner schon gehärteten Rinde finden müssen, wenn die leichtesten Materien seines inwendigen noch flüssigen Klumpens, darunter auch die Luft ist, mit allmählicher Absonderung unter diese empor steigen, und daß, da die Weitläuftigkeit dieser Höhlen ein Verhältnis zu der Größe des Weltkörpers haben muß, die Einsinkungen der festen Gewölbe eben so weit ausgebreitet sein werden. Selbst eine Art von Regelmäßigkeit, wenigstens die Kettenreihe dieser Unebenheiten, darf bei einer solchen Erzeugungsart nicht fremd und unerwartet scheinen. Denn man weiß, daß das Aufsteigen der leichten Arten in einem großen Gemische an einem Orte einen Einfluß auf die nämliche Bewegung in dem benachbarten Teile des Gemengsels habe. Ich halte mich bei dieser Erklärungsart nicht lange auf; wie ich denn allhier keine Absicht habe, einige Ergebenheit in Ansehung derselben zu bezeigen, sondern nur eine kleine Erläuterung der Methode zu urteilen durch dieselbe darzulegen.

Das ganze feste Land der Erde ist mit den Laufrinnen der Ströme als mit Furchen auf eine sehr vorteilhafte Art durchzogen. Es sind aber auch so viel Unebenheiten, Täler und flache Gegenden auf allem festen Lande: daß es beim ersten Anblick scheint notwendig zu sein, daß die Kanäle, darin die Wasser derselben rinnen, besonders gebauet und geordnet sein müssen, widrigenfalls, nach der Unregelmäßigkeit alles übrigen Bodens, die von den Höhen laufende Wasser weit und breit ausschweifen, viele Flächen überschwemmen, in Tälern Seen machen, und das Land eher wild und unbrauchbar als schön und wohlgeordnet machen müßten. Wer wird nicht hier einen großen Anschein zu einer nötigen außerordentlichen Veranstaltung gewahr? Indessen würde aller Naturforschung über die Ursache der Ströme durch einer angenommenen übernatürlichen Anordnung ein Ende gemacht werden. Weil ich mich hingegen diese Art der Regelmäßigkeit nicht irre machen lasse, und nicht so gleich ihre Ursache außer dem Bezirk allgemeiner mechanischer Gesetze erwarte, so folge ich der Beobachtung, um daraus etwas auf die Erzeugungsart dieser Ströme abzunehmen. Ich werde gewahr: daß viele Flutbetten der Ströme sich noch bis jetzo ausbilden, und daß sie ihre eigene Ufer erhöhen, bis sie das umliegende Land nicht mehr so sehr wie ehedem überschwemmen. Ich werde gewiß, daß alle Strome vor alters wirklich so ausgeschweift haben, als wir besorgten, daß sie es ohne eine außerordentliche Anstalt tun müßten, und ich nehme daraus ab, daß keine solche außerordentliche Einrichtung jemals vorgegangen sei. Der Amazonenstrom zeiget in einer Strecke von einigen hundert Meilen deutliche Spuren, daß er ehedem kein eingeschränktes Flutbette gehabt, sondern weit und breit das Land überschwemmt haben müsse; denn das Erdreich zu beiden Seiten ist bis in große Weiten flach wie ein See, und bestehet aus Flußschlamm, wo ein Kiesel eben so selten ist wie ein Demant. Eben dasselbe findet man beim Mississippi. Und überhaupt zeigen der Nil und andere Ströme, daß diese Kanäle mit der Zeit viel weiter verlängert worden, und da, wo der Strom seinen Ausfluß zu haben schien, weil er sich nahe zur See über den flachen Boden ausbreitete, bauet er allmählich seine Laufrinne aus und fließt weiter in einem verlängerten Flutbette. Alsdenn aber, nachdem ich durch Erfahrungen auf die Spur gebracht worden, glaube ich die ganze Mechanik von der Bildung der Flutrinnen aller Ströme auf folgende einfältige Gründe bringen zu können. Das von den Höhen laufende Quell- oder Regenwasser ergoß sich anfänglich nach dem Abhang des Bodens unregelmäßig, füllete manche Täler an und breitete sich über manche flache Gegenden aus. Allein in demjenigen Striche, wo irgend der Zug des Wassers am schnellesten war, konnte es der Geschwindigkeit wegen seinen Schlamm nicht so wohl absetzen, den es hergegen zu beiden Seiten viel häufiger fallen ließ. Dadurch wurden die Ufer erhöhet, indessen daß der stärkste Zug des Wassers seine Rinne erhielte. Mit der Zeit, als der Zufluß des Wassers selber geringer wurde (welches in der Folge der Zeit endlich geschehen mußte, aus Ursachen, die den Kennern der Geschichte der Erde bekannt sein), so überschritt der Strom diejenige Ufer nicht mehr, die er sich selbst aufgeführt hatte, und aus der wilden Unordnung entsprang Regelmäßigkeit und Ordnung. Man sieht offenbar, daß dieses noch bis auf diese Zeit, vornehmlich bei den Mündungen der Ströme, die ihre jüngsten Teile sind, vorgeht, und gleichwie nach diesem Plane das Absetzen des Schlammes nahe bei den Stellen, wo der Strom anfangs seine neue Ufer überschritt, häufiger als weiter davon geschehen mußte, so wird man auch noch gewahr, daß wirklich an viel Orten, wo ein Strom durch flache Gegenden läuft, sein Rinnsal höher liegt als die umliegende Ebenen.

Es gibt gewisse allgemeine Regeln, nach denen die Wirkungen der Natur geschehen, und die einiges Licht in der Beziehung der mechanischen Gesetze auf Ordnung und Wohlgereimtheit geben können, deren eine ist: die Kräfte der Bewegung und des Widerstandes wirken so lange auf einander, bis sie sich die mindeste Hindernis leisten. Die Gründe dieses Gesetzes lassen sich sehr leicht einsehen; allein die Beziehung, die dessen Folge auf Regelmäßigkeit und Vorteil hat, ist bis zur Bewunderung weitläuftig und groß. Die Epizykloide, eine algebraische Krümmung, ist von dieser Natur: daß Zähne und Getriebe nach ihr abgerundet die mindest mögliche Reibung an einander erleiden. Der berühmte Herr Prof. Kästner erwähnet an einem Orte: daß ihm von einem erfahrnen Bergwerksverständigen an den Maschinen, die lange im Gebrauche gewesen, gezeiget worden, daß sich wirklich diese Figur endlich durch lange Bewegung abschleife; eine Figur, die eine ziemlich verwickelte Konstruktion zum Grunde hat, und die mit aller ihrer Regelmäßigkeit eine Folge von einem gemeinen Gesetze der Natur ist.

Um etwas aus den schlechten Naturwirkungen anzuführen, was, indem es unter dem eben erwähnten Gesetze steht, um deswillen einen Ausschlag auf Regelmäßigkeit an sich zeigt, führe ich eine von den Wirkungen der Flüsse an. Es ist wegen der großen

Verschiedenheiten des Abschusses aller Gegenden des festen Landes sehr zu erwarten, daß die Ströme, die auf diesem Abhange laufen, hin und wieder steile Stürze und Wasserfälle haben würden, deren auch wirklich einige ob zwar selten vorkommen, und eine große Unregelmäßigkeit und Unbequemlichkeit enthalten. Allein es fällt leicht in die Augen: daß, wenn gleich (wie zu vermuten) in dem ersten verwilderten Zustande dergleichen Wasserfälle häufig waren, dennoch die Gewalt des Absturzes das lockere Erdreich, ja selbst einige noch nicht genugsam gehärtete Felsarten werde eingegraben und weggewaschen haben, bis der Strom seinen Rinnsal zu einem ziemlich gleichförmichten Abhang gesenkt hatte, daher, wo auch noch Wasserfalle sind, der Boden felsicht ist und in sehr viel Gegenden der Strom zwischen zwei steil abgeschnittenen Ufern läuft, wozwischen er sein tief liegendes Bette vermutlich selbst eingeschnitten hat. Man findet es sehr nützlich, daß fast alle Ströme in dem größesten Teile ihres Laufes einen gewissen Grad Geschwindigkeit nicht überschreiten, der ziemlich mäßig ist und wodurch sie schiffbar sind. Obgleich nun dieses im Anfange von der so sehr verschiedenen Abschießigkeit des Bodens worüber sie laufen kaum allein ohne besondere Kunst zu erwarten stünde, so läßt sich doch leichtlich erachten, daß mit der Zeit ein gewisser Grad der Schnelligkeit sich von selbst habe finden müssen, den sie nicht leichtlich übertreffen können, der Boden des Landes mag abschießig sein wie er will, wenn er nur locker ist. Denn sie werden ihn so lange abspülen, sich hineinarbeiten und ihr Bette an einigen Orten senken an andern erhöhen, bis dasjenige, was sie vom Grunde fortreißen wenn sie angeschwollen sein, demjenigen, was sie in den Zeiten der trägeren Bewegung fallen lassen, ziemlich gleich ist. Die Gewalt wirkt hier so lange, bis sie sich selbst zum gemäßigtem Grade gebracht hat, und bis die Wechselwirkung des Anstoßes und des Widerstandes zur Gleichheit ausgeschlagen ist.

Die Natur bietet unzählige Beispiele von einer ausgebreiteten Nutzbarkeit einer und eben derselben Sache zu einem vielfältigen Gebrauche dar. Es ist sehr verkehrt, diese Vorteile so gleich als Zwecke, und als diejenigen Erfolge anzusehen, welche die Bewegungsgründe enthielten, weswegen die Ursachen derselben durch göttliche Willkür in der Welt angeordnet würden. Der Mond schaffet unter andern Vorteilen auch diesen, daß Ebbe und Flut Schiffe auch wider oder ohne Winde vermittelst der Ströme in den Straßen und nahe beim festen Lande in Bewegung setzen. Vermittelst seiner und der Jupiters-Trabanten findet man die Länge des Meers. Die Produkte aus allen Naturreichen haben ein jedes eine große Nutzbarkeit, wovon man einige auch zum Gebrauche macht. Es ist eine widersinnige Art zu urteilen, wenn man, wie es gemeiniglich geschieht, diese alle zu den Bewegungsgründen der göttlichen Wahl zählt und sich wegen des Vorteils der Jupitersmonde auf die weise Anstalt des Urhebers beruft, die den Menschen dadurch ein Mittel, die Länge der Örter zu bestimmen, hat an die Hand geben wollen. Man hüte sich, daß man die Spötterei eines Voltaire nicht mit Recht auf sich ziehe, der in einem ähnlichen Tone sagt: sehet da warum wir Nasen haben; ohne Zweifel damit wir Brillen, darauf stecken könnten. Durch die göttliche Willkür wird noch nicht genugsamer Grund angegeben, weswegen eben dieselbe Mittel, die einen Zweck zu erreichen, allein nötig wären, noch in so viel anderer Beziehung vorteilhaft sein. Diejenige bewundernswürdige Gemeinschaft, die unter dem Wesen alles Erschaffenen herrscht, daß ihre Naturen einander nicht fremd sind, sondern in vielfacher Harmonie verknüpft sich zu ein ander von selbst schicken, und eine ausgebreitete notwendige Vereinbarung zur gesamten Vollkommenheit in ihren Wesen enthalten, das ist der Grund so mannigfaltiger Nutzbarkeiten, die man nach unserer Methode als Beweistümer eines höchst weisen Urhebers, aber nicht in allen Fällen als Anstalten, die durch besondere Weisheit mit den übrigen um der besondern Nebenvorteile willen verbunden worden, ansehen kann. Ohne Zweifel sind die Bewegungsgründe, weswegen Jupiter Monde haben sollte, vollständig, wenn gleich niemals durch die Erfindung der Sehrohre dieselbe zu Messung der Länge genutzt würden. Diese Nutzen, die als Nebenfolgen anzusehen sind, kommen gleichwohl mit in Anschlag, um die unermeßliche Größe des Urhebers aller Dinge daraus abzunehmen. Denn sie sind nebst Millionen anderen ähnlicher Art, Beweistümer von der großen Kette, die selbst in den Möglichkeiten der Dinge die Teile der Schöpfung vereinbart, die einan der nichts anzugehen scheinen; denn sonst kann man auch nicht allemal die Nutzen, die der Erfolg einer freiwilligen Anstalt nach sich zieht und die der Urheber kennt und in seinem Ratschlusse mit befaßt, um deswillen zu den Bewegungsgründen solcher Wahl zählen, wenn diese nämlich auch unangesehen solcher Nebenfolgen schon vollständig waren. Ohne Zweifel hat das Wasser darum nicht die Natur, sich waagrecht zu stellen, damit man sich darin spiegeln könne. Dergleichen beobachtete Nutzbarkeiten können, wenn man mit Vernunft urteilen will, nach der eingeschränkten physischtheologischen Methode die im Gebrauche ist gar nicht zu der Absicht, die man hier vor Augen hat, genutzt werden. Nur einzig und allein der Zusatz, den wir ihr zu geben gesucht haben, kann solche gesammelte Beobachtungen zu Gründen der wichtigen Folgerung auf die allgemeine Unterordnung aller Dinge unter ein höchst weises Wesen tüchtig machen. Erweitert eure Absichten so viel ihr könnt über die unermeßliche Nutzen, die ein Geschöpf in tausendfacher Beziehung wenigstens der Möglichkeit nach darbietet (der einzige Kokosbaum schaffet dem Indianer unzählige), verknüpfet in dergleichen Beziehungen die entlegensten Glieder der Schöpfung mit einander. Wenn ihr die Produkte der unmittelbar künstlichen Anstalten geziemend bewundert habt, so unterlasset nicht, auch in dem ergötzenden Anblick der fruchtbaren Beziehung, die die Möglichkeiten der erschaffenen Dinge auf durchgängige Harmonie haben, und der ungekünstelten Abfolge so mannigfaltiger Schönheit, die sich von selbst darbietet, diejenige Macht zu bewundern und anzubeten, in deren ewigen Grundquelle die Wesen der Dinge zu einem vortrefflichen Plane gleichsam bereit darliegen.

Ich merke im Vorübergehen an, daß die große Gegenverhältnis, die unter den Dingen der Welt in Ansehung des häufigen Anlasses, den sie zu Ähnlichkeiten, Analogien, Parallelen, und wie man sie sonst nennen will, geben, nicht so ganz flüchtig verdient übersehen zu werden. Ohne mich bei dem Gebrauch, den dieses auf Spiele des Witzes hat und der mehrenteils nur eingebildet ist, aufgehalten, liegt hierin noch vor den Philosophen ein wie mir dünkt wichtiger Gegenstand des Nachdenkens verborgen, wie solche Übereinkunft sehr verschiedener Dinge in einem gewissen gemeinschaftlichen Grunde der Gleichförmigkeit so groß und weitläuftig und doch zugleich so genau sei könne. Diese Analogien sind auch sehr nötige Hülfsmittel unserer Erkenntnis, die Mathematik selber liefert deren einige. Ich enthalte mich, Beispiele anzuführen, denn es ist zu besorgen, daß, nach der verschiedenen Art wie dergleichen Ähnlichkeiten empfunden werden, sie nicht dieselbe Wirkung über jeden andern Verstand haben möchten, und der Gedanke, den ich hier einstreue, ist ohnedem unvollendet und noch nicht genugsam verständlich.

Wenn man fragen sollte, welches denn der Gebrauch sei, den man von der großen Einheit in den mancherlei Verhältnissen des Raumes, welche der Meßkünstler erforschet, machen könnte, so vermute ich, daß allgemeine Begriffe von der Einheit der mathematischen Objekte auch die Gründe der Einheit und Vollkommenheit in der Natur könnten zu erkennen geben. Z. E. Es ist unter allen Figuren die Zirkelfigur diejenige, darin eben der Umkreis den größest möglichen Raum beschließt, den ein solcher Umfang nur befassen kann, darum nämlich, weil eine genaue Gleichheit in dem Abstande dieser Umgrenzung von einem Mittelpunkte darin durchgängig herrscht. Wenn eine Figur durch gerade Linien soll eingeschlossen werden, so kann die größest mögliche Gleichheit in Ansehung des Abstandes derselben vom Mittelpunkte nur statt finden, wenn nicht allein die Entfernungen der Winkelpunkte von diesem Mittelpunkte untereinander, sondern auch die Perpendikel aus diesem auf die Seiten einander völlig gleich sein. Daraus wird nun ein regelmäßiges Polygon und es zeiget sich durch die Geometrie, daß mit eben demselben Umkreise ein anderes Polygon von eben der Zahl Seiten jederzeit einen kleinem Raum einschließen würde als das reguläre. Noch ist eine und zwar die einfachste Art der Gleichheit in dem Abstande von einem Mittelpunkte möglich, nämlich wenn bloß die Entfernung der Winkelpunkte des Vielecks von demselben Mittelpunkte durchgängig gleich ist, und da zeiget sich, daß ein jedes irreguläre Polygon, welches im Zirkel stehen kann, den größesten Raum einschließt, unter allen, der von eben denselben Seiten nur immer kann beschlossen werden. Außer diesem ist zuletzt dasjenige Polygon, in welchem noch über dem die Große der Seite dem Abstande des Winkelpunkts vom Mittelpunkte gleich ist, das ist, das regelmäßige

Sechseck unter allen Figuren überhaupt diejenige, die mit dem kleinsten Umfange den größesten Raum so einschließet, daß sie zugleich, äußerlich mit andern gleichen Figuren zusammengesetzt, keine Zwischenräume übrig läßt. Es bietet sich hier sehr bald diese Bemerkung dar, daß die Gegenverhältnis des Größesten und Kleinsten im Raume auf die Gleichheit ankomme. Und da die Natur sonsten viel Fälle einer notwendigen Gleichheit an die Hand gibt, so können die Regeln, die man aus den gedachten Fällen der Geometrie in Ansehung des allgemeinen Grundes solcher Gegenverhältnis des Größesten und Kleinsten zieht, auch auf die notwendige Beobachtung des Gesetzes der Sparsamkeit in der Natur angewandt werden. In den Gesetzen des Stoßes ist in so ferne jederzeit eine gewisse Gleichheit notwendig; daß nach dem Stoße, wenn sie unelastisch sein, beider Körper Geschwindigkeit jederzeit gleich sei, daß, wenn sie elastisch sind, beide durch die Federkraft immer gleich gestoßen werden und zwar mit einer Kraft womit der Stoß geschahe, daß der Mittelpunkt der Schwere beider Körper durch den Stoß in seiner Ruhe oder Bewegung gar nicht verändert wird etc. etc. Die Verhältnisse des Raums sind so unendlich mannigfaltig, und verstatten gleichwohl eine so gewisse Erkenntnis und klare Anschauung, daß, gleichwie sie schon öfters zu Symbolen der Erkenntnisse von ganz anderer Art vortrefflich gedient haben (z. E. die Erwartungen in den Glücksfällen auszudrücken), also auch Mittel an die Hand geben können, die Regeln der Vollkommenheit in natürlich notwendigen Wirkungsgesetzen, in so ferne sie auf Verhältnisse ankommen, aus den einfachsten und allgemeinsten Gründen zu erkennen.

Ehe ich diese Betrachtung beschließe, will ich alle verschiedene Grade der philosophischen Erklärungsart der in der Welt vorkommenden Erscheinungen der Vollkommenheit, in so ferne man sie insgesamt unter Gott betrachtet, anführen, indem ich von derjenigen Art zu urteilen anfange, wo die Philosophie sich noch verbirgt, und bei derjenigen endige, wo sie ihre größte Bestrebung zeiget. Ich rede von der Ordnung, Schönheit und Anständigkeit, in so ferne sie der Grund ist, die Dinge der Welt auf eine der Weltweisheit anständige Art einem göttlichen Urheber unter zu ordnen.

Erstlich, man kann eine einzelne Begebenheit in dem Verlaufe der Natur als etwas unmittelbar von einer göttlichen Handlung Herrührendes ansehen, und die Philosophie hat hier kein ander Geschäfte, als nur einen Beweisgrund dieser außerordentlichen Abhängigkeit anzuzeigen.

Zweitens, man betrachtet eine Begebenheit der Welt als eine, worauf als auf einen einzelnen Fall die Mechanik der Welt von der Schöpfung her besonders abgerichtet war, wie z. E. die Sündflut nach dem Lehrgebäude verschiedener Neuern. Alsdenn ist aber die Begebenheit nicht weniger übernatürlich. Die Naturwissenschaft, wovon die gedachte Weltweise hiebei Gebrauch machen, dienet nur dazu, ihre eigene Geschicklichkeit zu zeigen, und etwas zu ersinnen, was sich etwa nach allgemeinen

Naturgesetzen eräugnen könnte, und dessen Erfolg auf die vorgegebene außerordentliche Begebenheit hinausliefe. Denn sonst ist ein solches Verfahren der göttlichen Weisheit nicht gemäß, die niemalen darauf abzielt, mit unnützer Kunst zu prahlen, welche man selbst an einem Menschen tadeln würde, der, wenn ihn z. E. nichts abhielte, eine Kanone unmittelbar abzufeuren, ein Feuerschloß mit einem Uhrwerk anbringen wollte, wodurch sie in dem gesetzten Augenblick durch mechanische sinnreiche Mittel losbrennen sollte.

Drittens, wenn gewisse Stücke der Natur als eine von der Schöpfung her daurende Anstalt, die unmittelbar von der Hand des großen Werkmeisters herrührt, angesehen werden; und zwar wie eine Anstalt, die als ein einzelnes Ding, und nicht wie eine Anordnung nach einem beständigen Gesetze eingeführt worden. Z. E. Wenn man behauptet, Gott habe die Gebirge, die Flüsse, die Planeten und ihre Bewegung mit dem Anfange aller Dinge zugleich unmittelbar geordnet. Da ohne Zweifel ein Zustand der Natur der erste sein muß, in welchen die Form der Dinge eben so wohl wie die Materie unmittelbar von Gott abhänget, so hat diese Art zu urteilen in so ferne einen philosophischen Grund. Indessen weil es übereilt ist, ehe und bevor man die Tauglichkeit, die den Naturdingen nach allgemeinen Gesetzen eigen ist, geprüft hat, eine Anstalt unmittelbar der Schöpfungshandlung beizumessen, darum, weil sie vorteilhaft und ordentlich ist, so ist sie in so weit nur in sehr kleinem Grade philosophisch.

Viertens, wenn man einer künstlichen Ordnung der Natur etwas beimißt, bevor die Unzulänglichkeit, die sie hiezu nach gemeinen Gesetzen hat, gehörig erkannt worden, z. E wenn man etwas aus der Ordnung des Pflanzen- und Tierreichs erklärt, was vielleicht in gemeinen mechanischen Kräften liegt, bloß deswegen, weil Ordnung und Schönheit darin groß sind. Das Philosophische dieser Art zu urteilen ist alsdenn noch geringer, wenn ein jedes einzelne Tier oder Pflanze unmittelbar der Schöpfung untergeordnet wird, als wenn außer einigem unmittelbar Erschaffenen die andere Produkte demselben nach einem Gesetze der Zeugungsfähigkeit (nicht bloß des Auswickelungsvermögens) untergeordnet werden, weil im letztem Fall mehr nach der Ordnung der Natur erklärt wird; es müßte denn sein, daß dieser ihre Unzulänglichkeit in Ansehung dessen klar erwiesen werden könnte. Es gehöret aber auch zu diesem Grade der philosophischen Erklärungsart eine jede Ableitung einer Anstalt in der Welt aus künstlichen und um einer Absicht willen errichteten Gesetzen überhaupt, und nicht bloß im Tier-und Pflanzenreiche.[9] Z. E. Wenn man vom Schnee und den Nordscheinen so redet, als ob die Ordnung der Natur, die beide hervorbringt, um des Nutzens des Grönländers oder Lappen willen (damit er in den langen Nächten nicht ganz im Finstern sei) eingeführt wäre, obgleich es noch immer zu vermuten ist, daß dieses eine wohlpassende Nebenfolge mit notwendiger Einheit aus andern Gesetzen sei. Man ist fast jederzeit in Gefahr dieses Fehlers, wenn man einige Nutzen der Menschen zum Grunde einer besondern göttlichen Veranstaltung angibt, z. E. daß Wald und Feld mehrenteils mit grüner Farbe bedeckt ist, weil diese unter allen Farben die mittlere Stärke hat, um das Auge in mäßiger Übung zu erhalten. Hiegegen kann man einwenden, daß der Bewohner der Davisstraße vom Schnee fast blind wird und seine Zuflucht zu den Schneebrillen nehmen muß. Es ist nicht tadelhaft, daß man die nützliche Folgen aufsucht und sie einem gütigen Urheber beimißt, sondern daß die Ordnung der Natur darnach sie geschehen als künstlich und willkürlich mit andern verbunden vorgestellt wird, da sie doch vielleicht mit andern in notwendiger Einheit stehet.

Fünftens. Am mehresten enthält die Methode, über die vollkommene Anstalten der Natur zu urteilen, den Geist wahrer Weltweisheit, wenn sie, jederzeit bereit, auch übernatürliche Begebenheiten zuzulassen, imgleichen die wahrhaftig künstliche Anordnungen der Natur nicht zu verkennen, hauptsächlich die Abzielung auf Vorteile und alle Wohlgereimtheit sich nicht hindern läßt, die Gründe davon in notwendigen allgemeinen Gesetzen aufzusuchen, mit großer Achtsamkeit auf die Erhaltung der Einheit und mit einer vernünftigen Abneigung, die Zahl der Naturursachen um derentwillen zu vervielfältigen. Wenn hiezu noch die Aufmerksamkeit auf die allgemeine Regeln gefügt wird, welche den Grund der notwendigen Verbindung desjenigen, was natürlicher Weise ohne besondere Anstalt vorgeht, mit den Regeln des Vorteils oder der Annehmlichkeit vernünftiger Wesen können begreiflich machen, und man alsdenn zu dem göttlichen Urheber hinauf steigt, so erfüllet diese physischtheologische Art zu urteilen ihre Pflichten gehörig.[10]

Siebente Betrachtung.
Kosmogonie. Eine Hypothese mechanischer Erklärungsart des Ursprungs der Weltkörper und der Ursachen ihrer Bewegungen, gemäß denen vorher erwiesenen Regeln

Die Figur der Himmelskörper, die Mechanik, nach der sie sich bewegen und ein Weltsystem ausmachen, imgleichen die mancherlei Veränderungen, denen die Stellung ihrer Kreise in der Folge der Zeit unterworfen ist, alles dieses ist ein Teil der Naturwissenschaft geworden, der mit so großer Deutlichkeit und Gewißheit begriffen wird, daß man auch nicht eine einzige andere Einsicht sollte aufzeigen können, welche einen natürlichen Gegenstand (der nur einigermaßen dieses seiner Mannigfaltigkeit beikäme) auf eine so ungezweifelt richtige Art und mit solcher Augenscheinlichkeit erklärete. Wenn man dieses in Erwägung zieht, sollte man da nicht auch auf die

Vermutung geraten, daß der Zustand der Natur, in welchem dieser Bau seinen Anfang nahm, und ihm die Bewegungen, die jetzt nach so einfältigen und begreiflichen Gesetzen fortdauren, zuerst eingedruckt worden, ebenfalls leichter einzusehen und faßlicher sein werden, als vielleicht das mehreste, wovon wir sonst in der Natur den Ursprung suchen. Die Gründe, die dieser Vermutung günstig sein, liegen am Tage. Alle diese Himmelskörper sind runde Massen, so viel man weiß ohne Organisation und geheime Kunstzubereitung. Die Kraft dadurch sie gezogen werden ist allem Ansehen nach eine der Materie eigene Grundkraft, darf also und kann nicht erklärt werden. Die Wurfsbewegung, mit welcher sie ihren Flug verrichten, und die Richtung, nach der dieser Schwung ihnen erteilt worden, ist zusamt der Bildung ihrer Massen das Hauptsächlichste, ja fast das einzige, wovon man die erste natürliche Ursachen zu suchen hat. Einfältige und bei weitem nicht so verwickelte Wirkungen, wie die meisten andere der Natur sein, bei welchen gemeiniglich die Gesetze gar nicht mit mathematischer Richtigkeit bekannt sind nach denen sie geschehen, da sie im Gegenteil hier indem begreiflichsten Plane vor Augen liegen. Es ist auch bei einem so großen Anschein eines glücklichen Erfolgs sonsten nichts im Wege, als der Eindruck von der rührenden Größe eines solchen Naturstücks als ein Sonnensystem ist, wo die natürlichen Ursachen alle verdächtig sind, weil ihre Zulänglichkeit viel zu wichtig und dem Schöpfungsrechte des obersten Urhebers entgegen zu sein scheint. Allein könnte man eben dieses nicht auch von der Mechanik sagen, wodurch ein großer Weltbau, nachdem er einmal da ist, seine Bewegungen forthin erhält? Die ganze Erhaltung derselben kommt auf eben dasselbe Gesetze an, wornach ein Stein, der in der Luft geworfen ist, seine Bahn beschreibt; ein einfältiges Gesetze, fruchtbar an den regelmäßigsten Folgen, und würdig, daß ihm die Aufrechterhaltung eines ganzen Weltbaues anvertraut werde.

Von der andern Seite, wird man sagen, ist man nicht vermögend, die Naturursachen deutlich zu machen, wodurch das verächtlichste Kraut nach völlig begreiflichen mechanischen Gesetzen erzeuget werde, und man wagt sich an die Erklärung von dem Ursprunge eines Weltsystems im Großen. Allein ist jemals ein Philosoph auch im Stande gewesen, nur die Gesetze, wornach der Wachstum oder die innere Bewegung in einer schon vorhandenen Pflanze geschieht, dermaßen deutlich und mathematisch sicher zu machen, wie diejenige gemacht sind, welcher alle Bewegungen der Weltkörper gemäß sind? Die Natur der Gegenstände ist hier ganz verändert. Das Große, das Erstaunliche ist hier unendlich begreiflicher als das Kleine und Bewundernswürdige, und die Erzeugung eines Planeten, zusamt der Ursache der Wurfsbewegung wodurch er geschleudert wird, um im Kreise zu laufen, wird allen Anscheine nach leichter und deutlicher einzusehen sein, als die Erzeugung einer einzigen Schneeflocke, in der die abgemessene Richtigkeit eines sechseckichten Sternes dem Ansehen nach genauer ist als die Rundung der Kreise worin Planeten laufen, und an welcher die Strahlen viel richtiger sich auf eine Fläche beziehen, als die Bahnen dieser Himmelskörper es gegen den gemeinschaftlichen Plan ihrer Kreisbewegungen tun.

Ich werde den Versuch einer Erklärung von dem Ursprunge des Weltbaues nach allgemeinen mechanischen Gesetzen darlegen, nicht von der gesamten Naturordnung, sondern nur von den großen Massen und ihren Kreisen, welche die roheste Grundlage der Natur ausmachen. Ich hoffe einiges zu sagen, was andern zu wichtigen Betrachtungen Anlaß geben kann, obgleich mein Entwurf grob und unausgearbeitet ist. Einiges davon hat in meiner Meinung einen Grad der Wahrscheinlichkeit, der bei einem kleinem Gegenstande wenig Zweifel übrig lassen würde, und der nur das Vorurteil einer größern erforderlichen Kunst, als man den allgemeinen Naturgesetzen zutraut, entgegen stehen kann. Es geschieht oft: daß man dasjenige zwar nicht findet, was man eigentlich sucht, aber doch auf diesem Wege andere Vorteile, die man nicht vermutet, antrifft. Auch ein solcher Nutze würde ein genugsamer Gewinn sein, wenn er sich dem Nachdenken anderer darböte, gesetzt auch daß die Hauptzwecke der Hypothese dabei verschwinden sollten. Ich werde die allgemeine Gravitation der Materie nach dem Newton oder seinen Nachfolgern hiebei voraussetzen. Diejenige, welche etwa durch eine Definition der Metaphysik nach ihrem Geschmacke glauben die Folgerung scharfsinniger Männer aus Beobachtung und mathematischer Schlußart zu vernichten, werden die folgende Sätze als etwas, das überdem mit der Hauptabsicht dieser Schrift nur eine entfernte Verwandtschaft hat, überschlagen könne.

1. Erweiterte Aussicht in den Inbegriff des Universum

Die sechs Planeten mit ihren Begleitern bewegen sich in Kreisen, die nicht weit von einem gemeinschaftlichen Plane, nämlich der verlängerten Äquatorsfläche der Sonne abweichen. Die Kometen dagegen laufen in Bahnen, die sehr weit davon abstehen, und schweifen nach allen Seiten weit von dieser Beziehungsfläche aus. Wenn nun, anstatt so weniger Planeten oder Kometen, einige tausend derselben zu unserer Sonnenwelt gehörten, so würde der Tierkreis als eine von unzähligen Sternen erleuchtete Zone, oder wie ein Streif, der sich in einem blassen Schimmer verliert, erscheinen, in welchem einige nähere Planeten in ziemlichem Glänze, die entfernten aber durch ihre Menge und Mattigkeit des Lichts nur eine neblichte Erscheinung darstellen würden. Denn es würden bei der Kreisbewegung, darin alle diese insgesamt um die Sonne stünden, jederzeit in allen Teilen dieses Tierkreises einige sein, wenn gleich andre ihren Platz verändert hätten. Dagegen würden die Kometen die Gegenden zu beiden Seiten dieser lichten Zone in aller möglichen Zerstreuung bedecken. Wenn wir, durch diese Erdichtung vorbereitet (in welcher wir nichts weiter als die Menge der Körper unserer

Planetenwelt in Gedanken vermehrt haben), unsere Augen auf den weiteren Umfang des Universum richten, so sehen wir wirklich eine lichte Zone, in welcher Sterne, ob sie zwar allem Ansehen nach sehr ungleiche Weiten von uns haben, dennoch zu einer und eben derselben Fläche dichter wie anderwärts gehäuft sein, dagegen die Himmelsgegenden zu beiden Seiten mit Sternen nach aller Art der Zerstreuung bedeckt sind. Die Milchstraße die ich meine hat sehr genau die Richtung eines größesten Zirkels, eine Bestimmung, die aller Aufmerksamkeit wert ist, und daraus sich verstehen läßt, daß unsere Sonne und wir mit ihr uns in demjenigen Heere der Sterne mitbefinden, welches sich zu einer gewissen gemeinschaftlichen Beziehungsfläche am meisten dränget, und die Analogie ist hier ein sehr großer Grund zu vermuten: daß diese Sonnen, zu deren Zahl auch die unsrige gehört, ein Weltsystem ausmachen, das im Großen nach ähnlichen Gesetzen geordnet ist, als unsre Planetenwelt im Kleinen; daß alle diese Sonnen samt ihren Begleitern Irgend einen Mittelpunkt ihrer gemeinschaftlichen Kreise haben mögen, und daß sie nur, um der unermeßlichen Entfernung willen und wegen der langen Zeit ihrer Kreisläufe, ihre Örter gar nicht zu verändern scheinen, ob zwar dennoch bei etlichen wirklich einige Verrückung ihrer Stellen ist beobachtet worden; daß die Bahnen dieser großen Weltkörper sich eben so auf eine gemeinschaftliche Fläche beziehen, von der sie nicht weit abweichen, und daß diejenige, welche mit weit geringerer Häufung die übrige Gegenden des Himmels einnehmen, den Kometen unserer Planetenwelt darin ähnlich sind.

Aus diesem Begriffe, der wie mich dünkt die größeste Wahrscheinlichkeit hat, läßt sich vermuten, daß, wenn es mehr solche höhere Weltordnungen gibt, als diejenige dazu unsre Sonne gehört, und die dem, der in ihr seinen Stand hat, die Erscheinung der Milchstraße verschaffet, in der Tiefe des Weltraums einige derselben wie blasse schimmernde Plätze werden zu sehen sein, und, wenn der Beziehungsplan einer solchen andern Zusammenordnung der Fixsterne schief gegen uns gestellt ist, wie elliptische Figuren erscheinen werden, die in einem kleinen Raum aus großer Weite ein Sonnensystem, wie das von unsrer Milchstraße ist, darstellen. Und dergleichen Plätzchen hat wirklich die Astronomie schon vorlängst entdeckt, obgleich die Meinung, die man sich davon gemacht hat, sehr verschieden ist, wie man in des Herrn von Maupertuis Buche von der Figur der Sterne sehen kann.

Ich wünsche, daß diese Betrachtung mit einiger Aufmerksamkeit möchte erwogen werden. Nicht allein, weil der Begriff, der dadurch von der Schöpfung erwächst, erstaunlich viel rührender ist, als er sonst sein kann (indem ein unzählbares Heer Sonnen wie die unsrige ein System ausmacht, dessen Glieder durch Kreisbewegungen verbunden sind, diese Systeme selbst aber, deren vermutlich wieder unzählige sein, wovon wir einige wahrnehmen können, selbst Glieder einer noch höhern Ordnung sein mögen), sondern auch, weil selbst die Beobachtung der uns nahen Fixsterne oder vielmehr langsam wandelnden Sonnen, durch einen solchen Begriff geleitet, vielleicht manches entdecken kann, was der Aufmerksamkeit entwischt, in so ferne nicht ein gewisser Plan zu untersuchen ist.

2. Gründe vor einen mechanischen Ursprung unserer Planetenwelt überhaupt

Die Planeten bewegen sich um unsere Sonne insgesamt nach einerlei Richtung und nur mit geringer Abweichung von einem gemeinschaftlichen Beziehungsplane, welcher die Ekliptik ist, gerade so, als Körper, die durch eine Materie fortgerissen werden, die, indem sie den ganzen Raum anfüllt, ihre Bewegung wirbelnd um eine Achse verrichtet. Die Planeten sind insgesamt schwer zur Sonne hin, und die Größe des Seitenschwungs müßte eine genau abgemessene Richtigkeit haben, wenn sie dadurch in Zirkelkreisen zu laufen sollen gebracht werden, und wie bei dergleichen mechanischer Wirkung eine geometrische Genauigkeit nicht zu erwarten steht, so weichen auch alle Kreise, ob zwar nicht viel, von der Zirkelrundung ab. Sie bestehen aus Materien, die nach Newtons Berechnungen, je entfernter sie von der Sonne sind, von desto minderer Dichtigkeit sein, so wie auch ein jeder es natürlich finden würde, wenn sie sich in dem Raume darin sie schweben von einem daselbst zerstreuten Weltstoff gebildet hätten. Denn bei der Bestrebung, womit alles zur Sonne sinkt, müssen die Materien dichterer Art sich mehr zur Sonne drängen und sich in der Naheit zu ihr mehr häufen, als die von leichterer Art, deren Fall wegen ihrer mindern Dichtigkeit mehr verzögert wird. Die Materie der Sonne aber ist nach des v. Buffon Bemerkung an Dichtigkeit derjenigen, die die summierte Masse aller Planeten zusammen haben würde, ziemlich gleich, welches auch mit einer mechanischen Bildung wohl zusammen stimmt, nach welcher in verschiedenen Höhen, aus verschiedenen Gattungen der Elemente die Planeten sich gebildet haben mögen, sonst alle übrige aber, die diesen Raum erfülleten, vermengt auf ihren gemeinschaftlichen Mittelpunkt die Sonne mögen niedergestürzt sein.

Derjenige, welcher diesem ungeachtet dergleichen Bau unmittelbar in die Hand Gottes will übergeben wissen, ohne desfalls den mechanischen Gesetzen etwas zuzutrauen, ist genötigt, etwas anzuführen, weswegen er hier dasjenige notwendig findet, was er sonst in der Naturlehre nicht leichtlich zuläßt. Er kann gar keine Zwecke nennen, warum es besser wäre, daß die Planeten vielmehr nach einer Richtung als nach verschiedenen, nahe zu einem Beziehungsplane, als nach allerlei Gegenden in Kreisen liefen. Der Himmelsraum ist anjetzt leer und bei aller dieser Bewegung würden sie einander keine Hindernisse leisten. Ich bescheide mich gerne, daß es verborgene Zwecke geben könne, die nach der gemeinen Mechanik nicht wären erreicht worden und die kein Mensch einsieht; allein es ist keinem erlaubt, sie voraus zu setzen, wenn er eine Meinung darauf gründen will, ohne daß er sie anzuzeigen vermag. Wenn denn endlich Gott unmittelbar den Planeten die Wurfskraft erteilet und ihre Kreise gestellet hätte, so ist zu vermuten, daß sie nicht das Merkmal der Unvollkommenheit und Abweichung, welches bei jedem Produkt der Natur anzutreffen, an sich zeigen würden. War es gut, daß sie sich auf eine Fläche beziehen sollten, so ist zu vermuten, er würde ihre Kreise genau darauf gestellt haben; war es gut, daß sie der Zirkelbewegung nahe kämen, so kann man glauben, ihre Bahn würde genau ein Zirkelkreis geworden sein, und es ist nicht abzusehen, weswegen Ausnahmen von der genauesten Richtigkeit selbst bei demjenigen, was eine unmittelbare göttliche Kunsthandlung sein sollte, übrig bleiben mußten.

Die Glieder der Sonnenwelt aus den entferntesten Gegenden, die Kometen, laufen sehr exzentrisch. Sie könnten, wenn es auf eine unmittelbare göttliche Handlung ankäme, eben so wohl in Zirkelkreisen bewegt sein, wenn gleich ihre Bahnen von der Ekliptik noch so sehr abweichen. Die Nutzen der so großen Exzentrizität werden in diesem Fall mit großer Kühnheit ersonnen, denn es ist eher begreiflich, daß ein Weltkörper, in einer Himmelsregion, welche es auch sei, in gleichem Abstande immer bewegt, die dieser Weite gemäße Einrichtung habe, als daß er auf die große Verschiedenheit der Weiten gleich vorteilhaft eingerichtet sei; und was die Vorteile, die Newton anführt, anlanget, so ist sichtbar, daß sie sonst nicht die mindeste Wahrscheinlichkeit haben, außer daß bei der einmal vorausgesetzten unmittelbaren göttlichen Anordnung sie doch zum mindesten zu einigen Vorwande eines Zweckes dienen können.

Am deutlichsten fällt dieser Fehler, den Bau der Planetenwelt göttlichen Absichten unmittelbar unter zu ordnen, in die Augen, da wo man von der mit der Zunahme der Entfernungen umgekehrt abnehmenden Dichtigkeit der Planeten Bewegungsgründe erdichten will. Der Sonnen Wirkung, heißt es, nimmt in diesem Maße ab, und es war anständig, daß die Dichtigkeit der Körper, die durch sie sollten erwärmt werden, auch dieser proportionierlich eingerichtet würde. Nun ist bekannt, daß die Sonne nur eine geringe Tiefe unter die Oberfläche eines Weltkörpers wirkt, und aus ihrem Einflusse, denselben zu erwärmen, kann also nicht auf die Dichtigkeit des ganzen Klumpens geschlossen werden. Hier ist die Folgerung aus dem Zwecke viel zu groß. Das Mittel, nämlich die verminderte Dichtigkeit des ganzen Klumpens begreift eine Weitläuftigkeit der Anstalt, welche vor die Größe des Zwecks überflüssig und unnötig ist.

In allen natürlichen Hervorbringungen, in so ferne sie auf Wohlgereimtheit, Ordnung und Nutzen hinaus laufen, zeigen sich zwar Übereinstimmungen mit göttlichen Absichten, aber auch Merkmale des Ursprungs aus allgemeinen Gesetzen, deren Folgen sich noch viel weiter als auf solchen einzelnen Fall erstrecken, und demnach in jeder einzelnen Wirkung Spuren von einer Vermengung solcher Gesetze an sich zeigen, die nicht lediglich auf dieses einzige Produkt gerichtet waren. Um deswillen finden auch Abweichungen von der größt möglichen Genauigkeit in Ansehung eines besondern Zwecks statt. Dagegen wird eine unmittelbar übernatürliche Anstalt, darum weil ihre Ausführung gar nicht die Folgen aus allgemeinern Wirkungsgesetzen der Materie voraus setzt, auch nicht durch besondere sich einmengende Nebenfolgen derselben entstellet werden, sondern den Plan der äußerst möglichen Richtigkeit genau zu Stande bringen. In den näheren Teilen der Planetenwelt zum gemeinschaftlichen Mittelpunkte ist eine größere Annäherung zur völligen Ordnung und abgemessenen Genauigkeit, die nach den Grenzen des Systems hinaus, oder weit von dem Beziehungsplane zu den Seiten, in Regellosigkeit und Abweichungen ausartet, gerade so wie es von einer Verfassung zu erwarten ist, die mechanischen Ursprungs ist. Bei einer unmittelbar göttlichen Anordnung können niemals unvollständig erreichte Zwecke angetroffen werden, sondern allenthalben zeigt sich die größeste Richtigkeit und Abgemessenheit, wie man unter andern am Bau der Tiere gewahr wird.

3. Kurzer Abriß der wahrscheinlichsten Art wie ein Planetensystem mechanisch hat gebildet werden können

Die eben jetzo angeführte Beweisgründe vor einen mechanischen Ursprung sind so wichtig, daß selbst nur einige derselben vorlängst alle Naturforscher bewogen haben, die Ursache der Planetenkreise in natürlichen Bewegkräften zu suchen, vornehmlich weil die Planeten in eben derselben Richtung, worin die Sonne sich um ihre Achse schwingt, um sie in Kreisen laufen, und ihre Bahnen so sehr nahe mit dieser ihrer Äquatorsfläche zusammen treffen. Newton war der große Zerstörer aller dieser Wirbel, an denen man gleichwohl noch lange nach seinen Demonstrationen hing, wie an dem Beispiel des berühmten Herrn von Mairan zu sehen ist. Die sichere und überzeugende Beweistümer der Newtonischen Weltweisheit zeigeten augenscheinlich, daß so etwas, wie die Wirbel sein sollten, welche die Planeten herum führeten, gar nicht am Himmel angetroffen werde und daß so ganz und gar kein Strom solcher Flüssigkeit in diesen Räumen sei, daß selbst die Kometenschweife quer durch alle diese Kreise ihre unverrückte Bewegung fortsetzen. Es war sicher hieraus zu schließen: daß, so wie der Himmelsraum jetzt leer oder unendlich dünne ist, keine mechanische Ursachen statt finden könne, die den Planeten ihre Kreisbewegung eindruckte. Allein so fort alle mechanische Gesetze vorbei gehen, und durch eine kühne Hypothese Gott unmittelbar die Planeten werfen zu lassen, damit sie in Verbindung mit ihrer Schwere sich in Kreisen bewegen sollten, war ein zu weiter Schritt, als daß er innerhalb dem Bezirke der Weltweisheit hätte bleiben können. Es fällt alsbald in die Augen, daß noch ein Fall übrig bleibe, wo mechanische Ursachen dieser Verfassung möglich sein: Wenn nämlich der Raum des Planetenbaues, der anjetzt leer ist, vorher erfüllet war, um eine Gemeinschaft der Bewegkräfte durch alle Gegenden dieses Bezirks, worin die Anziehung unserer Sonne herrscht, zu veranlassen.

Und hier kann ich diejenige Beschaffenheit anzeigen, welche die einzige mögliche ist, unter der eine mechanische Ursache der Himmelsbewegungen statt findet, welches zur Rechtfertigung einer Hypothese ein beträchtlicher Umstand ist, dessen man sich nur selten wird rühmen können. Da die Räume anjetzt leer sind, so müssen sie ehedem erfüllet gewesen sein, sonst hat niemals eine ausgebreitete Wirkung der in Kreisen treibenden Bewegkräfte statt finden können. Und es muß demnach diese verbreitete Materie sich hernach auf die Himmelskörper versammelt haben; das ist, wenn ich es näher betrachte, diese Himmelskörper selbst werden sich aus dem verbreiteten Grundstoffe in den Räumen des Sonnenbaues gebildet haben, und die Bewegung, die die Teilchen ihres Zusammensatzes im Zustande der Zerstreuung hatten, ist bei ihnen nach der Vereinbarung in abgesonderte Massen übrig geblieben. Seitdem sind diese Räume leer. Sie enthalten keine Materie, die unter diesen Körpern zur Mitteilung des Kreisschwunges dienen könnte. Aber sie sind es nicht immer gewesen, und wir werden Bewegungen gewahr, wovon jetzo keine natürliche Ursachen statt finden können, die aber Überbleibsel des allerältesten rohen Zustandes der Natur sind.

Von dieser Bemerkung will ich nur noch einen Schritt tun, um mich einem wahrscheinlichen Begriff von der Entstehungsart dieser großen Massen und der Ursache ihrer Bewegungen zu nähern, indem ich die gründlichere Vollführung eines geringen Schattenrisses dem forschenden Leser selbst überlasse. Wenn demnach der Stoff zu Bildung der Sonne und aller Himmelskörper, die ihrer mächtigen Anziehung zu Gebote stehen, durch den ganzen Raum der Planetenwelt zerstreuet war, und es war irgend in dem Orte, den jetzt der Klumpe der Sonne einnimmt, Materie von stärkeren Anziehungskräften, so entstand eine allgemeine Senkung hiezu, und die Anziehung des Sonnenkörpers wuchs mit ihrer Masse. Es ist leicht zu vermuten, daß in dem allgemeinen Fall der Partikeln selbst von den entlegensten Gegenden des Weltbaues die Materien dichterer Art in den tiefern Gegenden, wo sich alles zum gemeinschaftlichen Mittelpunkte hindrängte, nach dem Maße werde gehäuft haben, als sie dem Mittelpunkte näher waren, ob zwar in allen Regionen Materien von allerlei Art der Dichtigkeit waren. Denn nur die Teilchen von der schwersten Gattung konnten das größte Vermögen haben, in diesem Chaos durch das Gemenge der leichteren zu dringen, um in größere Nahheit zum Gravitationspunkte zu gelangen. In den Bewegungen, die von verschiedlich hohem Fall in der Sphäre umher entsprangen, konnte niemals der Widerstand der einander hindernden Partikeln so vollkommen gleich sein, daß nicht nach irgend einer Seite die erworbene Geschwindigkeiten in eine

Abbeugung ausschlagen sollten. Und in diesem Umstande zeigt sich eine sehr gemeine Regel der Gegenwirkung der Materien, daß sie einander so lange treiben oder lenken und einschränken, bis sie sich die mindeste Hindernis leisten; welchem gemäß die Seitenbewegungen sich endlich in eine gemeinschaftliche Umdrehung nach einer und eben derselben Gegend vereinigen mußten. Die Partikeln demnach, woraus die Sonne gebildet wurde, kamen auf ihr schon mit dieser Seitenbewegung an, und die Sonne, aus diesem Stoffe gebildet, mußte eine Umdrehung in eben derselben Richtung haben.

Es ist aber aus den Gesetzen der Gravitation klar: daß in diesem herumgeschwungenen Weltstoffe alle Teile müssen bestrebt gewesen sein, den Plan, der in der Richtung ihres gemeinschaftlichen Umschwunges durch den Mittelpunkt der Sonne geht, und der nach unseren Schlüssen mit der Äquatorsfläche dieses Himmelskörpers zusammentrifft, zu durchschneiden, wofern sie nicht schon sich in demselben befinden. Demnach werden alle diese Teile vornehmlich nahe zur Sonne ihre größeste Häufung in dem Raume haben, der der verlängerten Äquatorsfläche derselben nahe ist. Endlich ist es auch sehr natürlich, daß, da die Partikeln einander so lange hindern oder beschleunigen, mit einem Worte, einander stoßen oder treiben müssen, bis eines des andern Bewegung gar nicht mehr stören kann, zuletzt alles auf den Zustand ausschlage, daß nur diejenige Teilchen schweben bleiben, die gerade den Grad des Seitenschwunges haben, der erfodert wird in dem Abstande, darin sie von der Sonne sind, der Gravitation das Gleichgewicht zu leisten, damit ein jegliches sich in freier Bewegung in konzentrischen Zirkeln herumschwinge. Diese Schnelligkeit ist eine Wirkung des Falles, und die Bewegung zur Seiten eine Folge des so lange daurenden Gegenstoßes, bis alles in die Verfassung der mindesten Hindernisse sich von selbst geschicket hat. Die übrigen Teilchen, die eine solche abgemessene Genauigkeit nicht erreichen konnten, müssen bei allmählich abnehmender Bewegung zum Mittelpunkte der allgemeinen Gravitation gesunken sein, um den Klumpen der Sonne zu vermehren, der demnach eine Dichtigkeit haben wird, welche der, von den übrigen Materien in dem um ihr befindlichen Raume im Durchschnitte genommen, ziemlich gleich ist; so doch, daß nach den angeführten Umständen ihre Masse notwendig die Menge der Materie, die in dem Bezirke um sie schweben geblieben, weit übertreffen wird.

In diesem Zustande, der mir natürlich zu sein scheint, da ein verbreiteter Stoff zu Bildung verschiedener Himmelskörper, in einem engen Raum zunächst der verlängerten Fläche des Sonnenäquators, von desto mehrer Dichtigkeit je näher dem Mittelpunkte, und allenthalben mit einem Schwunge, der in diesem Abstande zur freien Zirkelbewegung hinlänglich war, nach den Zentralgesetzen bis in große Weiten um die Sonne sich herumschwung, wenn man da setzt, daß sich aus diesen Teilchen Planeten bildeten, so kann es nicht fehlen, daß sie nicht Schwungskräfte haben sollten, dadurch sie in Kreisen, die den Zirkeln sehr nahe kommen, sich bewegen sollten, ob sie gleich etwas davon abweichen, weil sie sich aus Teilchen von unterschiedlicher Höhe sammleten. Es ist eben so wohl sehr natürlich, daß diejenige Planeten, die sich in großen Höhen bilden (wo der Raum um sie viel größer ist, der da veranlaßt, daß der Unterschied der Geschwindigkeit der Partikeln die Kraft, womit sie zum Mittelpunkte des Planeten gezogen werden, übertreffe), daselbst auch größere Klumpen als nahe zur Sonne gewinnen. Die Übereinstimmung mit vielen andern Merkwürdigkeiten der Planetenwelt übergehe ich, weil sie sich von selbst darbietet.[11] In den entlegensten Teilen des Systems und vornehmlich in großen Weiten vom Beziehungsplane werden die sich bildende Körper, die Kometen, diese Regelmäßigkeit nicht haben können. Und so wird der Raum der Planetenwelt leer werden, nach dem sich alles in abgesonderte Massen vereinbart hat. Doch können noch in späterer Epoche Partikeln aus den äußersten Grenzen dieser Anziehungssphäre herabgesunken sein, die forthin jederzeit frei im Himmelsraume in Kreisen sich um die Sonne bewegen mögen. Materien von der äußersten Dünnigkeit und vielleicht der Stoff woraus das Zodiakallicht besteht.

4. Anmerkung

Die Absicht dieser Betrachtung ist vornehmlich, um ein Beispiel von dem Verfahren zu geben, zu welchem uns unsere vorige Beweise berechtigt haben, da man nämlich die ungegründete Besorgnis wegschaffet, als wenn eine jede Erklärung einer großen Anstalt der Welt aus allgemeinen Naturgesetzen dem boshaften Feinden der Religion eine Lücke öffne, in ihre Bollwerke zu dringen. Meiner Meinung nach hat die angeführte Hypothese zum mindesten Gründe genug vor sich, um Männer von ausgebreiteter Einsicht zu einer nähern Prüfung des darin vorgestellten Plans, der nur ein grober Umriß ist, einzuladen. Mein Zweck, in so ferne er diese Schrift betrifft, ist erfüllt, wenn man, durch das Zutrauen zu der Regelmäßigkeit und Ordnung, die aus allgemeinen Naturgesetzen fließen kann, vorbereitet, nur der natürlichen Weltweisheit ein freiers Feld öffnet und eine Erklärungsart, wie diese oder eine andere, als möglich und mit der Erkenntnis eines weisen Gottes wohl zusammenstimmend anzusehen kann bewogen werden.

Es wäre übrigens der philosophischen Bestrebung wohl würdig, nachdem die Wirbel, das beliebte Werkzeug so vieler Systeme, außerhalb der Sphäre der Natur auf des Miltons Limbus der Eitelkeit verwiesen worden, daß man gleichwohl gehörig forschete, oh nicht die Natur ohne Erdichtung besonderer Kräfte selber etwas darböte, was die durchgehends nach einerlei Gegend gerichtete Schwungsbewegung der Planeten erklären könnte, da die andere von den Zentralkräften in der Gravitation als einem dauerhaften

Verbande der Natur gegeben ist. Zum wenigsten entfernet sich der von uns entworfene Plan nicht von der Regel der Einheit, denn selbst diese Schwungskraft wird als eine Folge aus der Gravitation abgeleitet, wie es zufälligen Bewegungen anständig ist, denn diese sollen als Erfolge aus denen der Materie auch in Ruhe beiwohnenden Kräften hergeleitet werden.

Über dies merke ich an, daß das atomistische System des Democritus und Epikurs, ohnerachtet des ersten Anscheins von Ähnlichkeit, doch eine ganz verschiedene Beziehung zu der Folgerung auf einen Urheber der Welt habe, als der Entwurf des unsrigen. In jenem war die Bewegung ewig und ohne Urheber und der Zusammenstoß, der reiche Quell so vieler Ordnung, ein Ohngefähr und ein Zufall, wozu sich nirgend ein Grund fand. Hier führt ein erkanntes und wahres Gesetz der Natur, nach einer sehr begreiflichen Voraussetzung, mit Notwendigkeit auf Ordnung, und da hier ein bestimmender Grund eines Ausschlags auf Regelmäßigkeit angetroffen wird, und etwas was die Natur im Gleise der Wohlgereimtheit und Schönheit erhält, so wird man auf die Vermutung eines Grundes geführt, aus dem die Notwendigkeit der Beziehung zur Vollkommenheit kann verstanden werden.

Um indessen noch durch ein ander Beispiel begreiflich zu machen: wie die Wirkung der Gravitation in der Verbindung zerstreuter Elemente Regelmäßigkeit und Schönheit hervor zu bringen notwendiger Weise bestimmt sei, so will ich eine Erklärung von der mechanischen Erzeugungsart des Saturnusringes beifügen, die wie mir dünkt so viel Wahrscheinlichkeit hat, als man es von einer Hypothese nur erwarten kann. Man räume mir nur ein: daß Saturn in dem ersten Weltalter mit einer Atmosphäre umgeben gewesen, dergleichen man an verschiednen Kometen gesehen, die sich der Sonne nicht sehr nähern, und ohne Schweife erscheinen, daß die Teilchen des Dunstkreises von diesen Planeten (dem wir eine Achsendrehung zugestehen wollen) aufgestiegen sind, und daß in der Folge diese Dünste, es sei darum, weil der Planet verkühlte, oder aus andern Ursachen, anfingen, sich wieder zu ihm nieder zu senken, so erfolgt das übrige mit mechanischer Richtigkeit. Denn da alle Teilchen von dem Punkte der Oberfläche da sie aufgestiegen eine diesem Orte gleiche Geschwindigkeit haben müssen, um die Achse des Planeten sich zu bewegen, so müssen alle vermittelst dieses Seitenschwungs bestrebt gewesen sein, nach den Regeln der Zentralkräfte freie Kreise um den Saturn zu beschreiben.[12] Es müssen aber alle diejenige Teilchen, deren Geschwindigkeit nicht gerade den Grad hat, die der Attraktion der Höhe wo sie schweben durch Zentrifugalkraft genau das Gleichgewicht leistet, einander notwendig stoßen und verzögern, bis nur diejenige, die in freier Zirkelbewegung nach Zentralgesetzen umlaufen können, um den Saturn in Kreisen bewegt übrig bleiben, die übrige aber nach und nach auf dessen Oberfläche zurück fallen. Nun müssen notwendig alle diese Zirkelbewegungen die verlängerte Fläche des Saturnusäquators durchschneiden, welches einem jeden, der die Zentralgesetze weiß, bekannt ist; also werden sich endlich um den Saturn die übrige Teilchen seiner vormaligen Atmosphäre zu einer zirkelrunden Ebene drängen, die den verlängerten Äquator dieses Planeten einnimmt, und deren äußerster Rand durch eben dieselbe Ursache, die bei den Kometen die Grenze der Atmosphäre bestimmt, auch hier abgeschnitten ist. Dieser Limbus von frei bewegtem Weltstoffe muß notwendig ein Ring werden, oder vielmehr es können gedachte Bewegungen auf keine andre Figur als die eines Ringes ausschlagen. Denn da sie alle ihre Geschwindigkeit zur Zirkelbewegung nur von den Punkten der Oberfläche des Saturns haben können von da sie aufgestiegen sind, so müssen diejenige, die von dessen Äquator sich erhoben haben, die größeste Schnelligkeit besitzen. Da nun unter allen Weiten von dessen Mittelpunkte nur eine ist, wo diese Geschwindigkeit gerade zur Zirkelbewegung taugt, und in jeder kleinem Entfernung zu schwach ist, so wird ein Zirkelkreis in diesem Limbus aus dem Mittelpunkt des Saturns gezogen werden können, innerhalb welchen alle Partikeln zur Oberfläche dieses Planeten niederfallen müssen, alle übrige aber zwischen diesem gedachten Zirkel und dem seines äußersten Randes (folglich die in einem ringförmichten Raum enthaltene) werden forthin frei schwebend in Zirkelkreisen um ihn in Bewegung bleiben.

Nach einer solchen Auflösung gelangt man auf Folgen, durch die die Zeit der Achsendrehung des Saturns gegeben ist, und zwar mit so viel Wahrscheinlichkeit, als man diesen Gründen einräumt, wodurch sie zugleich bestimmt wird. Denn weil die Partikeln des inneren Randes eben dieselbe Geschwindigkeit haben wie diejenige, die ein Punkt des Saturnusäquators hat, und überdem diese Geschwindigkeit nach den Gesetzen der Gravitation den zur Zirkelbewegung gehörigen Grad hat, so kann man aus dem Verhältnisse des Abstandes eines derer Saturnus-Trabanten zu dem Abstande des innern Randes des Ringes vom Mittelpunkte des Planeten, imgleichen aus der gegebenen Zeit des Umlaufs des Trabanten, die Zeit des Umschwungs der Teilchen in dem inwendigen Rande finden, aus dieser aber, und der Verhältnis des kleinsten Durchmessers vom Ringe zu dem des Planeten, dieses seine Achsendrehung. Und so findet sich durch Rechnung: daß Saturn sich in 5 Stunden und ungefähr 40 Minuten um seine Achse drehen müsse, welches, wenn man die Analogie mit den übrigen Planeten hiebei zu Rate zieht, mit der Zeit der Umwendung derselben wohl zu harmonieren scheint.

Und so mag denn die Voraussetzung der kometischen Atmosphäre, die der Saturn im Anfange möchte gehabt haben, zugestanden werden oder nicht, so bleibt diejenige Folgerung, die ich zur Erläuterung meines Hauptsatzes daraus ziehe, wie mich dünkt, ziemlich sicher: daß, wenn ein solcher Dunstkreis um ihn gewesen, die mechanische Erzeugung eines schwebenden Ringes eine notwendige Folge daraus hat sein müssen, und daß daher der Ausschlag, der allgemeinen Gesetzen überlassenen Natur, selbst aus dem Chaos auf Regelmäßigkeit abziele.

Achte Betrachtung.
Von der göttlichen Allgenugsamkeit

Die Summe aller dieser Betrachtungen führet uns auf einen Begriff von dem höchsten Wesen, der alles in sich faßt, was man nur zu gedenken vermag, wenn Menschen aus Staube gemacht es wagen, ausspähende Blicke hinter den Vorhang zu werfen, der die Geheimnisse des Unerforschlichen vor erschaffene Augen verbirgt. Gott ist allgenugsam. Was da ist, es sei möglich oder wirklich, das ist nur etwas, in so ferne es durch ihn gegeben ist. Eine menschliche Sprache kann den Unendlichen so zu sich selbst reden lassen: *Ich bin von Ewigkeit zu Ewigkeit, außer mir ist nichts, ohne in so ferne es durch mich etwas ist.* Dieser Gedanke, der erhabenste unter allen, ist noch sehr vernachlässigt, oder mehrenteils gar nicht berührt worden. Das, was sich in den Möglichkeiten der Dinge zu Vollkommenheit und Schönheit in vortrefflichen Planen darbietet, ist als ein vor sich notwendiger Gegenstand der göttlichen Weisheit, aber nicht selbst als eine Folge von diesem unbegreiflichen Wesen angesehen worden. Man hat die Abhängigkeit anderer Dinge bloß auf ihr Dasein eingeschränkt, wodurch ein großer Anteil an dem Grunde von so viel Vollkommenheit jener obersten Natur entzogen, und ich weiß nicht welchem ewigen Undinge beigemessen wird.

Fruchtbarkeit eines einzigen Grundes an viel Folgen, Zusammenstimmung und Schicklichkeit der Naturen, nach allgemeinen Gesetzen ohne öftern Widerstreit in einem regelmäßigen Plane zusammen zu passen, müssen zuvörderst in den Möglichkeiten der Dinge angetroffen werden, und nur alsdenn kann Weisheit tätig sein, sie zu wählen. Welche Schranken, die dem Unabhängigen aus einem fremden Grunde gesetzt sein würden, wenn selbst diese Möglichkeiten nicht in ihm gegründet wären? Und was vor ein unverständliches Ohngefähr, daß sich in diesem Felde der Möglichkeit, ohne Voraussetzung irgend eines Existierenden, Einheit und fruchtbare Zusammenpassung findet, dadurch das Wesen von den höchsten Graden der Macht und Weisheit, wenn jene äußere Verhältnisse mit seinen innern Vermögen verglichen werden, sich im Stande sieht, große Vollkommenheit zuwege zu bringen? Gewiß eine solche Vorstellung überliefert nimmermehr den Ursprung des Guten ohne allen Abbruch in die Hand eines einzigen Wesens. Als Huygens die Pendeluhr erfand, so konnte er, wenn er daran dachte, sich diese Gleichförmigkeit, welche ihre Vollkommenheit ausmacht, nimmer gänzlich beimessen; die Natur der Zykloide, die es möglich macht, daß kleine und große Bogen durch freien Fall in derselben in gleicher

Zeit beschrieben werden, konnte diese Ausführung lediglich in seine Gewalt setzen. Daß aus dem einfachen Grunde der Schwere so ein großer Umfang von schönen Folgen auch nur möglich ist, würde, wenn es nicht von dem, der durch wirkliche Ausübung allen diesen Zusammenhang hervor gebracht hat, selbst abhinge, seinen Anteil an der reizenden Einheit und dem großen Umfange so vieler auf einem einzigen Grunde berührender Ordnung offenbar schmälern und teilen.

Die Bewunderung über die Abfolge einer Wirkung aus einer Ursache hört auf, so bald ich die Zulänglichkeit der Ursache zu ihr deutlich und leicht einsehe. Auf diesen Fuß kann keine Bewunderung mehr statt finden, wenn ich den mechanischen Bau des menschlichen Körpers, oder welcher künstlichen Anordnung ich auch will, als ein Werk des Allmächtigen betrachte, und bloß auf die Wirklichkeit sehe; denn es ist leicht und deutlich zu verstehen: daß der, so alles kann, auch eine solche Maschine, wenn sie möglich ist, hervorbringen könne. Allein es bleibt gleichwohl Bewunderung übrig, man mag gleich dieses zur leichteren Begreifung angeführt haben wie man will. Denn es ist erstaunlich, daß auch nur so etwas wie ein tierischer Körper möglich war. Und wenn ich gleich alle Federn und Röhren, alle Nervengefäße, Hebel und mechanische Einrichtung desselben völlig einsehen könnte, so bliebe doch immer Bewunderung übrig: wie es möglich sei, daß so vielfältige Verrichtungen in einem Bau vereiniget worden, wie sich die Geschäfte zu einem Zwecke mit denen wodurch ein anderer erreicht wird sowohl paaren lassen, wie eben dieselbe Zusammenfügung außerdem noch dazu dient, die Maschine zu erhalten, und die Folgen aus zufälligen Verletzungen wieder zu verbessern, und wie es möglich war, daß ein Mensch konnte ein so feines Gewebe sein, und ohnerachtet so vieler Gründe des Verderbens noch so lange dauern. Nachdem ich auch endlich mich belehrt habe, daß so viel Einheit und Harmonie darum möglich sei, weil ein Wesen da ist, welches nebst den Gründen der Wirklichkeit auch die von aller Möglichkeit enthält, so hebt dieses noch nicht den Grund der Bewunderung auf. Denn man kann sich zwar durch die Analogie dessen was Menschen ausüben einigen Begriff davon machen, wie ein Wesen die Ursache von etwas Wirklichen sein könne, nimmermehr aber, wie es den Grund der innern Möglichkeit von andern Dingen enthalte, und es scheint, als wenn dieser Gedanke viel zu hoch steigt, als daß ihn ein erschaffenes Wesen erreichen könnte.

Dieser hohe Begriff der göttlichen Natur, wenn wir sie nach ihrer Allgenugsamkeit gedenken, kann selbst in dem Urteil über die Beschaffenheit möglicher Dinge, wo uns unmittelbar Gründe der Entscheidung fehlen, zu einem Hülfsmittel dienen, aus ihr als einem Grunde auf fremde Möglichkeit als eine Folge zu schließen. Es ist die Frage: ob nicht unter allen möglichen Welten eine Steigerung ohne Ende in den Graden der Vollkommenheit anzutreffen sei, da gar keine natürliche Ordnung möglich ist, über die nicht noch eine vortrefflichere könne gedacht werden; ferner, wenn ich auch hierin eine höchste Stufe zugäbe, ob nicht wenigstens selbst verschiedene Welten, die von keiner übertroffen werden, einander an Vollkommenheit gänzlich gleich wären. Bei dergleichen Fragen ist es schwer und vielleicht unmöglich, aus der Betrachtung möglicher Dinge allein etwas zu entscheiden. Allein wenn ich beide Aufgaben in Verknüpfung mit dem göttlichen Wesen erwäge, und erkenne, daß der Vorzug der Wahl, der einer Welt vor der andern zu Teil wird, ohne den Vorzug in dem *Urteile* eben desselben Wesens welches wählt, oder gar wider dieses Urteil ein Mangel in der Übereinstimmung seiner verschiedenen tätigen Kräfte und eine verschiedene Beziehung seiner Wirksamkeit, ohne eine proportionierte Verschiedenheit in den Gründen, mithin einen Übelstand in dem vollkommensten Wesen abnehmen lasse, so schließe ich mit großer Überzeugung: daß die vorgelegten Fälle erdichtet und unmöglich sein müssen. Denn ich begreife nach den gesamten Vorbereitungen die man gesehen hat: daß man viel weniger Grund habe, aus vorausgesetzten Möglichkeiten, die man gleichwohl nicht genug bewähren kann, auf ein notwendiges Betragen des vollkommensten Wesens zu schließen (welches so beschaffen ist, daß es den Begriff der größten Harmonie in ihm zu schmälern scheinet), als aus der erkannten Harmonie, die die Möglichkeiten der Dinge mit der göttlichen Natur haben müssen, von demjenigen, was diesem Wesen am anständigsten zu sein erkannt wird, auf die Möglichkeit zu schließen. Ich werde also vermuten, daß in den Möglichkeiten aller Welten keine solche Verhältnisse sein können, die einen Grund der Verlegenheit in der vernünftigen Wahl des höchsten Wesens enthalten müßten; denn eben dieses oberste Wesen enthält den letzten Grund aller dieser Möglichkeit, in welcher also niemalen etwas anders, als was mit ihrem Ursprunge harmoniert, kann anzutreffen sein.

Es ist auch dieser über alles Mögliche und Wirkliche erweiterte Begriff der göttlichen *Allgenugsamkeit* ein viel richtigerer Ausdruck, die größte Vollkommenheit dieses Wesens zu bezeichnen, als der des *Unendlichen*, dessen man sich gemeiniglich bedient. Denn ob man diesen letztern zwar auslegen kann wie man will, so ist er seiner eigentlichen Bedeutung nach doch offenbar mathematisch. Er bezeichnet das Verhältnis einer Größe zu einer andern als dem Maße, welche Verhältnis größer ist als alle Zahl. Daher in dem eigentlichen Wortverstande die göttliche Erkenntnis unendlich heißen würde, in so ferne sie, vergleichungsweise gegen irgend eine angebliche andere Erkenntnis, ein Verhältnis hat, welches alle mögliche Zahl übersteigt. Da nun eine solche Vergleichung göttliche Bestimmungen mit denen der erschaffenen Dinge in eine Gleichartigkeit, die man nicht wohl behaupten kann, versetzet, und überdem das, was man dadurch will, nämlich den unverringerten Besitz von aller Vollkommenheit, nicht gerade zu verstehen gibt, so findet sich dagegen alles, was man hiebei zu denken vermag, in dem Ausdrucke der Allgenugsamkeit beisammen. Die Benennung der Unendlichkeit ist gleichwohl schön und eigentlich ästhetisch. Die Erweiterung über alle Zahlbegriffe rührt, und setzet die Seele durch eine gewisse Verlegenheit in Erstaunen. Dagegen ist der Ausdruck den wir empfehlender logischen Richtigkeit mehr angemessen.

Dritte Abteilung. Worin dargetan wird: daß außer dem ausgeführten Beweisgrunde kein anderer zu einer Demonstration vom Dasein Gottes möglich sei

1. Einteilung aller möglichen Beweisgründe vom Dasein Gottes

Die Überzeugung von der großen Wahrheit, *es ist ein Gott*, wenn sie den höchsten Grad mathematischer Gewißheit haben soll, hat dieses Eigne: daß sie nur durch einen einzigen Weg kann erlangt werden, und gibt dieser Betrachtung den Vorzug, daß die philosophische Bemühungen sich bei einem einzigen Beweisgrunde vereinigen müssen, um die Fehler, die in der Ausführung desselben möchten eingelaufen sein, vielmehr zu verbessern als ihn zu verwerfen, so bald man überzeugt ist, daß keine Wahl unter mehr dergleichen möglich sei.

Um dieses darzutun, so erinnere ich, daß man die Foderung nicht aus den Augen verlieren müsse, welche eigentlich zu erfüllen ist: nämlich nicht das Dasein einer sehr großen und sehr vollkommenen ersten Ursache, sondern des allerhöchsten Wesens, nicht die Existenz von einem oder mehreren derselben, sondern von einem einzigen, und dieses nicht durch große Gründe der Wahrscheinlichkeit, sondern mit mathematischer Evidenz zu beweisen.

Alle Beweisgründe vor das Dasein Gottes können nur entweder aus den Verstandsbegriffen des bloß *Möglichen*, oder aus dem Erfahrungsbegriffe des *Existierenden*, hergenommen werden. In dem ersteren Falle wird entweder von dem Möglichen als einem *Grunde* auf das Dasein Gottes als eine Folge, oder aus dem Möglichen als einer *Folge* auf die göttliche Existenz als einen Grund geschlossen. Im zweiten Falle wird wiederum entweder aus demjenigen dessen Dasein wir erfahren bloß auf die Existenz einer ersten und *unabhängigen Ursache*, vermittelst der Zergliederung dieses Begriffs aber auf die göttliche Eigenschaften derselben geschlossen, oder es werden aus dem was die Erfahrung lehrt so wohl das Dasein als auch die *Eigenschaften* desselben unmittelbar gefolgert.

2. Prüfung der Beweisgründe der ersten Art

Wenn aus dem Begriffe des bloß *Möglichen* als einem Grunde das Dasein als eine Folgerung soll geschlossen werden, so muß durch die Zergliederung dieses Begriffes die gedachte Existenz darin können angetroffen werden; denn es gibt keine andere Ableitung einer Folge aus einem Begriffe des Möglichen als durch die logische Auflösung. Alsdenn mußte aber das Dasein wie ein Prädikat in dem Möglichen enthalten sein. Da dieses nun nach der ersten Betrachtung der ersten Abteilung nimmermehr statt findet, so erhellet: daß ein Beweis der Wahrheit von der wir reden auf die erwähnte Art unmöglich sei.

Indessen haben wir einen berühmten Beweis, der auf diesen Grund erbauet ist, nämlich den so genannten Kartesianischen. Man erdenket sich zuvörderst einen Begriff von einem möglichen Dinge, in welchem man alle wahre Vollkommenheit sich vereinbart vorstellt. Nun nimmt man an, das Dasein sei auch eine Vollkommenheit der Dinge; also schließt man aus der Möglichkeit eines vollkommensten Wesens auf seine Existenz. Eben so könnte man aus dem Begriffe einer jeden Sache, welche auch nur als die vollkommenste ihrer Art vorgestellt wird, z. E. daraus allein schon daß eine vollkommenste Welt zu gedenken ist, auf ihr Dasein schließen. Allein ohne mich in eine umständliche Widerlegung dieses Beweises einzulassen, welche man schon bei andern antrifft, so beziehe ich mich nur auf dasjenige, was im Anfange dieses Werks ist erklärt worden, daß nämlich das Dasein gar kein Prädikat, mithin auch kein Prädikat der Vollkommenheit sei, und daher aus einer Erklärung, welche eine willkürliche Vereinbarung verschiedener Prädikate enthält, um den Begriff von irgend einem möglichen Dinge aus zu machen, nimmermehr auf das Dasein dieses Dinges und folglich auch nicht auf das Dasein Gottes könne geschlossen werden.

Dagegen ist der Schluß von den Möglichkeiten der Dinge als Folgen auf das Dasein Gottes als einen Grund von ganz andrer Art. Hier wird untersucht, ob nicht dazu, daß etwas möglich sei, irgend etwas Existierendes vorausgesetzt sein müsse, und ob dasjenige Dasein, ohne welches selbst keine innere Möglichkeit statt findet, nicht solche Eigenschaften enthalte, als wir zusammen in dem Begriffe der Gottheit verbinden. In diesem Falle ist zuvörderst klar, daß ich nicht aus der bedingten Möglichkeit auf ein Dasein schließen könne, wenn ich nicht die Existenz dessen, was nur unter gewissen Bedingungen möglich ist, voraussetze, denn die bedingte Möglichkeit gibt lediglich zu verstehen, daß etwas nur in gewissen Verknüpfungen existieren könne, und das Dasein der Ursache wird nur in so ferne dargetan als die Folge existiert, hier aber soll sie nicht aus dem Dasein derselben geschlossen werden, daher ein solcher Beweis nur aus der innern Möglichkeit geführt werden kann, wofern er gar statt findet. Ferner wird man gewahr, daß er aus der absoluten Möglichkeit aller Dinge überhaupt entspringen müsse.

Denn es ist nur die innere Möglichkeit selbst von der erkannt werden soll, daß sie irgend ein Dasein voraus setze, und nicht die besondere Prädikate, dadurch sich ein Mögliches von dem andern unterscheidet; denn der Unterschied der Prädikate findet auch beim bloß Möglichen statt, und bezeichnet niemals etwas Existierendes. Demnach würde auf die erwähnte Art aus der innern Möglichkeit alles Denklichen ein göttliches Dasein müssen gefolgert werden. Daß dieses geschehen könne, ist in der ganzen ersten Abteilung dieses Werks gewiesen worden.

3. Prüfung der Beweisgründe der zweiten Art

Der Beweis, da man aus den Erfahrungsbegriffen von dem was da ist auf die Existenz einer ersten und unabhängigen Ursache nach den Regeln der Kausalschlüsse, aus dieser aber durch logische Zergliederung des Begriffes auf die Eigenschaften derselben, welche eine Gottheit bezeichnen, kommen will, ist berühmt und vornehmlich durch die Schule der Wolffischen Philosophen sehr in Ansehen gebracht worden, allein er ist gleichwohl ganz unmöglich. Ich räume ein, daß bis zu dem Satze: *wenn etwas da ist, so existiert auch etwas, was von keinem andern Dinge abhängt*, alles regelmäßig gefolgt sei, ich gebe also zu, daß das Dasein irgend einer oder mehrer Dinge, die weiter keine Wirkungen von einem andern sein, wohl erwiesen darliege. Nun ist der zweite Schritt zu dem Satze: daß dieses unabhängige Ding *schlechterdings notwendig* sei, schon viel weniger zuverlässig, da er vermittelst des Satzes vom zureichenden Grunde, der noch immer angefochten wird, geführt werden muß; allein ich trage kein Bedenken, auch bis so weit alles zu unterschreiben. Es existieret demnach etwas schlechterdings notwendiger Weise. Aus diesem Begriffe des absolut notwendigen Wesens sollen nun seine Eigenschaften der höchsten Vollkommenheit und Einheit hergeleitet werden. Der Begriff der absoluten Notwendigkeit aber, der hier zum Grunde liegt, kann auf zwiefache Art genommen werden, wie in der ersten Abteilung gezeigt ist. In der ersten Art, da sie die logische Notwendigkeit von uns genannt worden, müßte gezeigt werden: daß das Gegenteil desjenigen Dinges sich selbst widerspreche, in welchem alle Vollkommenheit oder Realität anzutreffen, und also dasjenige Wesen einzig und allein schlechterdings notwendig im Dasein sei, dessen Prädikate alle wahrhaftig bejahend sind. Und da aus eben derselben durchgängigen Vereinbarung aller Realität in einem Wesen soll geschlossen werden daß es ein *einziges* sei, so ist klar, daß die Zergliederung der Begriffe des Notwendigen auf solchen Gründen beruhen werde, nach denen ich auch umgekehrt müsse schließen können: worin alle Realität ist, das existiert notwendiger Weise. Nun ist nicht allein diese Schlußart nach der vorigen Nummer unmöglich, sondern es ist insonderheit merkwürdig, daß auf diese Art der Beweis gar nicht auf den Erfahrungsbegriff, der ganz, ohne ihn zu brauchen, voraus gesetzt ist, erbauet wird, sondern eben so wie der Kartesianische lediglich aus Begriffen, in welchen man in der Identität oder dem Widerstreit der Prädikate das Dasein eines Wesens zu finden vermeinet.[13]

Es ist meine Absicht nicht, die Beweise selber zu zergliedern, die man dieser Methode gemäß bei verschiedenen antrifft. Es ist leicht, ihre Fehlschlüsse aufzudecken, und dieses ist auch schon zum Teil von andern geschehen. Indessen da man gleichwohl noch immer hoffen könnte, daß ihrem Fehler durch einige Verbesserungen abzuhelfen sei, so ersieht man aus unserer Betrachtung, daß, es mag auch aus ihnen werden was da wolle, sie doch niemals etwas anders als Schlüsse aus Begriffen möglicher Dinge, nicht aber aus Erfahrung werden können, und also allenfalls den Beweisen der ersten Art beizuzählen sein.

Was nun den zweiten Beweis von derjenigen Art anlanget, da aus Erfahrungsbegriffen von existierenden Dingen auf das Dasein Gottes, und zugleich seine Eigenschaften geschlossen wird, so verhält es sich hiemit ganz anders. Dieser Beweis ist nicht allein möglich, sondern auch auf alle Weise würdig, durch vereinigte Bemühungen zur gehörigen Vollkommenheit gebracht zu werden. Die Dinge der Welt, welche sich unsern Sinnen offenbaren, zeigen so wohl deutliche Merkmale ihrer Zufälligkeit, als auch durch die Größe, die Ordnung und zweckmäßige Anstalten, die man allenthalben gewahr wird, Beweistümer eines vernünftigen Urhebers von großer Weisheit, Macht und Güte. Die große Einheit in einem so weitläuftigen Ganzen läßt abnehmen, daß nur ein einziger Urheber aller dieser Dinge sei, und wenn gleich in allen diesen Schlüssen keine geometrische Strenge hervorblickt, so enthalten sie doch unstrittig so viel Nachdruck, daß sie einen jeden Vernünftigen nach Regeln, die der natürliche gesunde Verstand befolgt, keinen Augenblick hierüber im Zweifel lassen.

4. Es sind überhaupt nur zwei Beweise vom Dasein Gottes möglich

Aus allen diesen Beurteilungen ist zu ersehen: daß, wenn man aus Begriffen möglicher Dinge schließen will, kein ander Argument vor das Dasein Gottes möglich sei, als dasjenige, wo selbst die innere Möglichkeit aller Dinge als etwas angesehen wird, was irgend ein Dasein voraussetzt, wie es von uns in der ersten Abteilung dieses Werks geschehen ist. Imgleichen erhellet: daß, wenn von dem, was uns Erfahrung von existierenden Dingen lehrt, der Schluß zu eben derselben Wahrheit soll hinauf steigen, der Beweis nur durch die in den Dingen der Welt wahrgenommene Eigenschaften und die zufällige Anordnung des Weltganzen auf das Dasein so wohl als auch die

Beschaffenheit der obersten Ursache kann geführt werden. Man erlaube mir, daß ich den ersten Beweis den ontologischen den zweiten aber den kosmologischen nenne.

Dieser kosmologische Beweis ist, wie mich dünkt, so alt wie die menschliche Vernunft. Er ist so natürlich, so einnehmend und erweitert sein Nachdenken auch so sehr mit dem Fortgang unserer Einsichten, daß er so lange dauern muß, als es irgend ein vernünftig Geschöpf geben wird, welches an der edlen Betrachtung Teil zu nehmen wünscht, Gott aus seinen Werken zu erkennen. *Derhams, Nieuwentyts* und vieler anderer Bemühungen haben der menschlichen Vernunft in dieser Absicht Ehre gemacht, obgleich bisweilen viel Eitelkeit mit untergelaufen ist, allerlei physischen Einsichten oder auch Hirngespinsten durch die Losung des Religionseifers ein ehrwürdig Ansehen zu geben. Bei aller dieser Vortrefflichkeit ist diese Beweisart doch immer der mathematischen Gewißheit und Genauigkeit unfähig. Man wird jederzeit nur auf irgend einen unbegreiflich großen Urheber desjenigen Ganzen, was sich unsern Sinnen darbietet, schließen können, nicht aber auf das Dasein des vollkommensten unter allen möglichen Wesen. Es wird die größte Wahrscheinlichkeit von der Welt sein: daß nur ein einiger erster Urheber sei, allein dieser Überzeugung wird viel an der Ausführlichkeit, die der frechsten Zweifelsucht trotzt, ermangeln. Das macht: wir können nicht auf mehr oder größere Eigenschaften in der Ursache schließen, als wir gerade nötig finden, um den Grad und Beschaffenheit der Wirkungen daraus zu verstehen; wenn wir nämlich von dem Dasein dieser Ursache keinen andern Anlaß zu urteilen haben, als den, so uns die Wirkungen geben. Nun erkennen wir viel Vollkommenheit, Größe und Ordnung in der Welt, und können daraus nichts mehr mit logischer Schärfe schließen, als daß die Ursache derselben viel Verstand, Macht und Güte besitzen müsse, keinesweges aber, daß sie alles wisse, vermöge etc. etc. Es ist ein unermeßliches Ganze, in welchem wir Einheit und durchgängige Verknüpfung wahrnehmen, und wir können mit großem Grunde daraus ermessen, daß ein einiger Urheber desselben sei. Allein wir müssen uns bescheiden, daß wir nicht alles Erschaffene kennen, und daher urteilen, daß, was uns bekannt ist, nur einen Urheber blicken lasse, woraus wir vermuten, was uns auch nicht bekannt ist, werde eben so bewandt sein; welches zwar sehr vernünftig gedacht ist, aber nicht strenge schließt.

Dagegen, wofern wir uns nicht zu sehr schmeicheln, so scheinet unser entworfene ontologische Beweis derjenigen Schärfe fähig zu sein, die man in einer Demonstration fodert. Indessen wenn die Frage wäre, welcher denn überhaupt unter beiden der beste sei, so würde man antworten: so bald es auf logische Genauigkeit und Vollständigkeit ankommt, so ist es der ontologische, verlangt man aber Faßlichkeit vor den gemeinen richtigen Begriff, Lebhaftigkeit des Eindrucks, Schönheit und Bewegkraft auf die moralische Triebfedern der menschlichen Natur, so ist dem kosmologischen Beweise der Vorzug zuzugestehen. Und da es ohne Zweifel von mehr Erheblichkeit ist, den

Menschen mit hohen Empfindungen, die fruchtbar an edler Tätigkeit sein, zu beleben, indem man zugleich den gesunden Verstand überzeugt, als mit sorgfältig abgewogenen Vernunftschlüssen zu unterweisen, dadurch, daß der feinern Spekulation ein Gnüge getan wird, so ist, wenn man aufrichtig verfahren will, dem bekannten kosmologischen Beweise der Vorzug der allgemeinern Nutzbarkeit nicht abzusprechen.

Es ist demnach kein schmeichlerischer Kunstgriff, der um fremden Beifall buhlet, sondern Aufrichtigkeit, wenn ich einer solchen Ausführung der wichtigen Erkenntnis von Gott und seinen Eigenschaften, als *Reimarus* in seinem Buche von der natürlichen Religion liefert, den Vorzug der Nutzbarkeit gerne einräume, über einen jeden andern Beweis, in welchem mehr auf logische Schärfe gesehen worden, und über den meinigen. Denn ohne den Wert dieser und anderer Schriften dieses Mannes in Erwägung zu ziehen, der hauptsächlich in einem ungekünstelten Gebrauche einer gesunden und schönen Vernunft besteht, so haben dergleichen Gründe wirklich eine große Beweiskraft und erregen mehr Anschauung als die logisch abgezogene Begriffe, obgleich die letztere den Gegenstand genauer zu verstehen geben.

Gleichwohl da ein forschender Verstand, wenn er einmal auf die Spur der Untersuchung geraten ist, nicht eher befriedigt wird, als bis alles um ihn licht ist und bis sich, wenn ich mich so ausdrücken darf, der Zirkel, der seine Frage umgrenzt, völlig schließt, so wird niemand eine Bemühung, die wie die gegenwärtige auf die logische Genauigkeit in einem so sehr wichtigen Erkenntnisse verwandt ist, vor unnütz und überflüssig halten, vornehmlich weil es viele Fälle gibt, da ohne solche Sorgfalt die Anwendung seiner Begriffe unsicher und zweifelhaft bleiben würde.

5. Es ist nicht mehr als eine einzige Demonstration vom Dasein Gottes möglich, wovon der Beweisgrund oben gegeben worden

Aus dem Bisherigen erhellet: daß unter den vier erdenklichen Beweisgründen, die wir auf zwei Hauptarten gebracht haben, der Kartesianische so wohl, als der, so aus dem Erfahrungsbegriffe vom Dasein vermittelst der Auflösung des Begriffes von einem unabhängigen Dinge geführt worden, falsch und gänzlich unmöglich sein, das ist, daß sie nicht etwa mit keiner gehörigen Schärfe, sondern gar nicht beweisen. Es ist ferner gezeigt worden, daß der Beweis, aus den Eigenschaften der Dinge der Welt auf das Dasein und die Eigenschaften der Gottheit zu schließen, einen tüchtigen und sehr schönen Beweisgrund enthalte, nur daß er nimmermehr der Schärfe einer Demonstration fähig ist. Nun bleibt nichts übrig, als daß entweder gar kein strenger Beweis hievon möglich sei, oder daß er auf demjenigen Beweisgrunde beruhen müsse, den wir oben angezeigt haben. Da von der Möglichkeit eines Beweises schlechthin die

Rede ist, so wird niemand das erstere behaupten, und die Folge fällt demjenigen gemäß aus, was wir angezeigt haben. Es ist nur ein Gott und nur ein Beweisgrund, durch welchen es möglich ist, sein Dasein mit der Wahrnehmung derjenigen Notwendigkeit einzusehen, die schlechterdings alles Gegenteil vernichtigt. Ein Urteil, darauf selbst die Beschaffenheit des Gegenstandes unmittelbar führen könnte. Alle andere Dinge, welche irgend da sein, könnten auch nicht sein. Die Erfahrung von zufälligen Dingen kann demnach keinen tüchtigen Beweisgrund abgeben, das Dasein desjenigen daraus zu erkennen, von dem es unmöglich ist daß er nicht sei. Nur lediglich darin, daß die Verneinung der göttlichen Existenz völlig nichts ist, liegt der Unterschied seines Daseins von anderer Dinge ihrem. Die innere Möglichkeit, die Wesen der Dinge sind nun dasjenige, dessen Aufhebung alles Denkliche vertilgt. Hierin wird also das eigene Merkmal von dem Dasein des Wesens aller Wesen bestehen. Hierin sucht den Beweistum, und wenn ihr ihn nicht daselbst anzutreffen vermeint, so schlaget euch von diesem ungebähnten Fußsteige auf die große Heeresstraße der menschlichen Vernunft. Es ist durchaus nötig, daß man sich vom Dasein Gottes überzeuge; es ist aber nicht eben so nötig, daß man es demonstriere.

ENDE

Fußnoten

1 Der Titel desselben ist: *Allgemeine Naturgeschichte und Theorie des Himmels.* Königsberg und Leipzig 1755. Diese Schrift, die wenig bekannt geworden, muß unter andern auch nicht zur Kenntnis des berühmten Herrn J. H. *Lambert* gelanget sein, der sechs Jahre hernach in seinen *Kosmologischen Briefen* 1761 eben dieselbe Theorie, von der systematischen Verfassung des Weltbaues im Großen, der Milchstraße, den Nebelsternen u.s.f. vorgetragen hat, die man in meiner gedachten Theorie des Himmels im ersten Teile, imgleichen in der Vorrede daselbst antrifft, und wovon etwas in einem kurzen Abrisse Seite 154-158 des gegenwärtigen Werks angezeigt wird. Die Übereinstimmung der Gedanken dieses sinnreichen Mannes mit denen, die ich damals vortrug, welche fast bis auf die kleineren Züge untereinander übereinkommen, vergrößert meine Vermutung: daß dieser Entwurf in der Folge mehrere Bestätigung erhalten werde.

2 Siehe Raj von der Welt Anfang, Veränd. und Untergang.

3 Diese Frage ist dadurch noch lange nicht genugsam beantwortet, wenn man sich auf die weise Wahl Gottes beruft, die den Lauf der Natur einmal schon so wohl eingerichtet hätte, daß öftere Ausbesserungen unnötig wären. Denn die größeste Schwierigkeit bestehet darin, wie es auch nur hat möglich sein können, in einer Verbindung der Weltbegebenheiten nach allgemeinen Gesetzen so große Vollkommenheit zu vereinbaren, vornehmlich wenn man die Menge der Naturdinge und die unermeßlich lange Reihe ihrer Veränderungen betrachtet, wie da nach allgemeinen Regeln ihrer gegenseitigen Wirksamkeit eine Harmonie hat entspringen können, die keiner öftern übernatürlichen Einflüsse bedürfe.

4 Wenn es ein notwendiger Ausgang der Natur ist, wie Newton vermeinet, daß ein Weltsystem, wie dasjenige von unserer Sonne, endlich zum völligen Stillstand und allgemeiner Ruhe gelange, so würde ich nicht mit ihm hinzusetzen: daß es nötig sei, daß Gott es durch ein Wunder wieder herstelle. Denn weil es ein Erfolg ist, darauf die Natur nach ihren wesentlichsten Gesetzen notwendiger weise bestimmt ist, so vermute ich hieraus, daß er auch gut sei. Es darf uns dieses nicht als ein bedauernswürdiger Verlust vorkommen, denn wir wissen nicht, welche Unermeßlichkeit die sich immerfort in andern Himmels-Gegenden bildende Natur habe, um durch große Fruchtbarkeit diesen Abgang des Universum anderwärts reichlich zu ersetzen.

5 Die den Gewächsen ähnliche Figur des Schimmels hatte viele bewogen, denselben unter die Produkte des Pflanzenreichs zu zählen. Indessen ist es nach andern Beobachtungen viel wahrscheinlicher, daß die anscheinende Regelmäßigkeit desselben nicht hindern könne, ihn so wie den Baum der Diane als eine Folge aus den gemeinen Gesetzen der Sublimierung anzusehen.

6 Wenn ich unter andern die mikroskopische Beobachtungen des Doktor Hill, die man im Hamb. Magaz. antrifft, erwäge, und seht zahlreiche Tiergeschlechter in einem einzigen Wassertropfen, räuberische Arten, mit Werkzeugen des Verderbens ausgerüstet, die von noch mächtigern Tyrannen dieser Wasserwelt zerstört werden, indem sie geflissen sein, andre zu verfolgen; wenn ich die Ränke, die Gewalt und die Szene des Aufruhrs in einem Tropfen Materie ansehe, und erhebe von da meine Augen in die Höhe, um den unermeßlichen Kaum von Welten wie von Stäubchen wimmeln zu sehen, so kann keine menschliche Sprache das Gefühl ausdrücken, was ein solcher Gedanke erregt, und alle subtile metaphysische Zergliederung weichet sehr weit der Erhabenheit und Würde; die einer solchen Anschauung eigen ist.

7 Es wäre zu wünschen, daß in dergleichen Fällen, wo die Offenbarung Nachricht gibt, daß eine Weltbegebenheit ein außerordentliches göttliches Verhängnis sei, der Vorwitz der Philosophen möchte gemäßiget werden, ihre physische Einsichten auszukramen; denn sie tun der Religion gar keinen Dienst, und machen es nur zweifelhaft, ob die Begebenheit nicht gar ein natürlicher Zufall sei; wie in demjenigen Fall, da man die Vertilgung des Heeres unter Sanherib dem Winde Samyel beimißt. Die Philosophie kommt hiebei gemeiniglich ins Gedränge, wie in der Whistonschen Theorie, die astronomische Kometenkenntnis zur Bibelerklärung zu gebrauchen.

8 Die Weisheit setzt voraus; daß Übereinstimmung und Einheit in den Beziehungen möglich sei. Dasjenige Wesen, welches von völlig unabhängiger Natur ist, kann nur weise sein, in so ferne in ihm Gründe, selbst solcher *möglichen* Harmonie und Vollkommenheiten, die seiner Ausführung sich darbieten, enthalten sind. Wäre in den Möglichkeiten der Dinge keine solche Beziehung auf Ordnung und Vollkommenheit befindlich, so wäre Weisheit eine Chimäre. Wäre aber diese Möglichkeit in dem weisen Wesen nicht selbst gegründet, so konnte diese Weisheit nimmermehr in aller Absicht unabhängig sein.

9 Ich habe in der zweiten Nummer der dritten Betrachtung dieses Abschnittes unter den Beispielen der künstlichen Naturordnung bloß die aus dem Pflanzen- und Tierreiche angeführt. Es ist aber zu merken, daß eine jede Anordnung eines Gesetzes um eines

besondern Nutzens willen, darum weil sie hiedurch von der notwendigen Einheit mit andern Naturgesetzen ausgenommen wird, künstlich sei, wie aus einigen hier erwähnten Beispielen zu ersehen.

10 Ich will hiemit nur sagen, daß dieses der Weg vor die menschliche Vernunft sein müsse. Denn wer wird es gleichwohl jemals verhüten können, hiebei vielfältig zu irren, nach dem *Pope*:
Geh, schreibe Gottes weiser Ordnung des Regimentes Regeln vor,
Denn kehre wieder in dir selber zuletzt zurück und sei ein Tor.

11 Die Bildung eines kleineren Systems, das als ein Teil zu der Planetenwelt gehört, wie des Jupiters und Saturns, imgleichen die Achsendrehungen dieser Himmelskörper werden wegen der Analogie unter dieser Erklärung mit begriffen.

12 Saturn bewegt sich um seine Achse, nach der Voraussetzung. Ein jedes Teilchen, das von ihm aufsteigt, muß daher eben dieselbe Seitenbewegung haben und sie, zu welcher Höhe es auch gelangt, daselbst fortsetzen.

13 Dieses ist das Vornehmste, worauf ich hier ausgehe. Wenn ich die Notwendigkeit eines Begriffes darin setze, daß sich das Gegenteil widerspricht, und alsdenn behaupte, das Unendliche sei so beschaffen, so war es ganz unnötig, die Existenz des notwendigen Wesens voraus zu setzen, indem sie schon aus dem Begriffe des Unendlichen folgt. Ja jene vorangeschickte Existenz ist in dem Beweise selbst völlig müßig. Denn da in dem Fortgang desselben der Begriff der Notwendigkeit und Unendlichkeit als Wechselbegriffe angesehen werden, so wird wirklich darum aus der Existenz des Notwendigen auf die Unendlichkeit geschlossen, weil das Unendliche (und zwar allein) notwendig existiert.